O URAGUAI

A DECLAMAÇÃO TRÁGICA

Basílio da Gama

TEXTO INTEGRAL

O TEXTO DESTE LIVRO ESTÁ CONFORME O ACORDO ORTOGRÁFICO DA LÍNGUA PORTUGUESA (1990)

Dados Internacionais de Catalogação na Publicação (CIP)
(Câmara Brasileira do Livro, SP, Brasil)

Gama, Basílio da, 1740 -1795.
O Uraguai; A declamação trágica / Basílio da Gama — São Paulo: Martin Claret, 2009. — (Coleção a obra-prima de cada autor; 295)

Título original: Kritik der Praktischen Vernunft
"Texto integral"
ISBN 978-85-7232-779-4

1.Poesia brasileira. I. Título. II. Título: A declamação trágica. III. Série.

09-04935 CDD-869.91

Índices para catálogo sistemático:

1. Poesia: Literatura brasileira 869.91

COLEÇÃO A OBRA-PRIMA DE CADA AUTOR

O URAGUAI

A DECLAMAÇÃO TRÁGICA

Basílio da Gama

TEXTO INTEGRAL

MARTIN CLARET

CRÉDITOS

O Uraguai – data da primeira publicação: 1769.
A declamação trágica – data da primeira publicação: 1772.

IDEALIZAÇÃO E COORDENAÇÃO
Martin Claret

ASSISTENTE EDITORIAL
Rosana Gilioli Citino

CAPA
Ilustração
Marcellin Talbot

MIOLO
Revisão
Waldir Moraes
Ana Paula Luccisano

Direção de Arte
José Duarte T. de Castro

Editoração Eletrônica
Editora Martin Claret

Papel
Off-Set, 70g/m²

Impressão e Acabamento
Renovagraf

Editora Martin Claret Ltda. – Rua Alegrete, 62 – Bairro Sumaré
CEP: 01254-010 – São Paulo – SP
Tel.: (11) 3672-8144 – Fax: (11) 3673-7146

www.martinclaret.com.br / editorial@martinclaret.com.br
Agradecemos a todos os nossos amigos e colaboradores — pessoas físicas e jurídicas — que deram as condições para que fosse possível a publicação deste livro.

6ª REIMPRESSÃO - 2022

PALAVRAS DO EDITOR

A história do livro e a coleção "A Obra-Prima de Cada Autor"

MARTIN CLARET

Que é o livro? Para fins estatísticos, na década de 1960, a UNESCO considerou o livro "uma publicação impressa, não periódica, que consta de no mínimo 56 páginas, sem contar as capas".

O livro é um produto industrial.

Mas também é mais do que um simples produto. O primeiro conceito que deveríamos reter é o de que o livro como objeto é o veículo, o suporte de uma informação. O livro é uma das mais revolucionárias invenções do homem.

A *Enciclopédia Abril* (1972), publicada pelo editor e empresário Victor Civita, no verbete "livro" traz concisas e importantes informações sobre a história do livro. A seguir, transcrevemos alguns tópicos desse estudo didático.

O livro na Antiguidade

Antes mesmo que o homem pensasse em utilizar determinados materiais para escrever (como, por exemplo, fibras vegetais e tecidos), as bibliotecas da Antiguidade estavam repletas de textos gravados em tabuinhas de barro cozido. Eram os primeiros "livros", depois progressivamente modificados até chegarem a ser feitos — em grandes tiragens — em papel impresso mecanicamente, proporcionando facilidade de leitura e transporte. Com eles, tornou-se possível, em todas as épocas, transmitir fatos, acontecimentos históricos, descobertas, tratados, códigos ou apenas entretenimento.

Como sua fabricação, a função do livro sofreu enormes modificações dentro das mais diversas sociedades, a ponto de constituir uma mercadoria especial, com técnica, intenção e utilização determinadas. No moderno movimento editorial das chamadas sociedades de consumo, o livro pode ser considerado uma mercadoria cultural, com maior ou menor significado no contexto socioeconômico em que é publicado. Enquanto mercadoria, pode ser comprado, vendido ou trocado. Isso não ocorre, porém, com sua função intrínseca, insubstituível: pode-se dizer que o livro é essencialmente um instrumento cultural de difusão de ideias, transmissão de conceitos, documentação (inclusive fotográfica e iconográfica), entretenimento ou ainda de condensação e acumulação do conhecimento. A palavra escrita venceu o tempo, e o livro conquistou o espaço. Teoricamente, toda a humanidade pode ser atingida por textos que difundem ideias que vão de Sócrates e Horácio a Sartre e McLuhan, de Adolf Hitler a Karl Marx.

Espelho da sociedade

A história do livro confunde-se, em muitos aspectos, com a história da humanidade. Sempre que escolhem frases e temas, e transmitem ideias e conceitos, os escritores estão elegendo o que consideram significativo no momento histórico e cultural que vivem. E, assim, fornecem dados para a análise de sua sociedade. O conteúdo de um livro — aceito, discutido ou refutado socialmente — integra a estrutura intelectual dos grupos sociais.

Nos primeiros tempos, o escritor geralmente vivia em contato direto com seu público, que era formado por uns poucos letrados, já cientes das opiniões, ideias, imaginação e teses do autor, pela própria convivência que tinham com ele. Muitas vezes, mesmo antes de ser redigido o texto, as ideias nele contidas já haviam sido intensamente discutidas pelo escritor e parte de seus leitores. Nessa época, como em várias outras, não se pensava na enorme porcentagem de analfabetos. Até o século XV, o livro servia exclusivamente a uma pequena minoria de sábios e estudiosos que constituíam os círculos intelectuais (confinados aos mosteiros durante o começo da Idade Média) e que tinham acesso às bibliotecas, cheias de manuscritos ricamente ilustrados.

Com o reflorescimento comercial europeu, nos fins do século XIV, burgueses e comerciantes passaram a integrar o mercado livreiro da época. A erudição laicizou-se e o número de escritores aumentou, surgindo também as primeiras obras escritas em línguas que não o latim e o grego (reservadas aos textos clássicos e aos assuntos considerados dignos de atenção). Nos séculos XVI e XVII, surgiram diversas literaturas nacionais, demonstrando, além do florescimento intelectual da época, que a população letrada dos países europeus estava mais capacitada a adquirir obras escritas.

Cultura e comércio

Com o desenvolvimento do sistema de impressão de Gutenberg, a Europa conseguiu dinamizar a fabricação de livros, imprimindo, em cinquenta anos, cerca de 20 milhões de exemplares para uma população de quase 10 milhões de habitantes, cuja maioria era analfabeta. Para a época, isso significou enorme revolução, demonstrando que a imprensa só se tornou uma realidade diante da necessidade social de ler mais.

Impressos em papel, feitos em cadernos costurados e posteriormente encapados, os livros tornaram-se empreendimento cultural e comercial: os editores passaram logo a se preocupar com melhor apresentação e redução de preços. Tudo isso levou à comercialização do livro. E os livreiros baseavam-se no gosto do público para imprimir, principalmente obras religiosas, novelas, coleções de anedotas, manuais técnicos e receitas.

Mas a porcentagem de leitores não cresceu na mesma proporção que a expansão demográfica mundial. Somente com as modificações socioculturais e econômicas do século XIX — quando o livro começou a ser utilizado também como meio de divulgação dessas modificações e o conhecimento passou a significar uma conquista para o homem, que, segundo se acreditava, poderia ascender socialmente se lesse — houve um relativo aumento no número de leitores, sobretudo na França e na Inglaterra, onde alguns editores passaram a produzir obras completas de autores famosos, a preços baixos. O livro era então interpretado como símbolo de liberdade, conseguida por conquistas culturais. Entretanto, na maioria dos países, não houve nenhuma grande modificação nos índices porcentuais até o fim da Primeira Guerra Mundial (1914/18), quando surgiram as primeiras grandes tiragens de um só livro, principalmente romances, novelas e textos didáticos. O número elevado de cópias, além de baratear o preço da unidade, difundiu ainda mais a literatura. Mesmo assim, a maior parte da população de muitos países continuou distanciada, em parte porque o livro, em si, tinha sido durante muitos séculos considerado objeto raro, atingível somente por um pequeno número de eruditos. A grande massa da população mostrou maior receptividade aos jornais, periódicos e folhetins, mais dinâmicos e atualizados, e acessíveis ao poder aquisitivo da grande maioria. Mas isso não chegou a ameaçar o livro como símbolo cultural de difusão de ideias, como fariam, mais tarde, o rádio, o cinema e a televisão.

O advento das técnicas eletrônicas, o aperfeiçoamento dos métodos fotográficos e a pesquisa de materiais praticamente imperecíveis fazem alguns teóricos da comunicação de massa pensarem em um futuro sem os livros tradicionais (com seu formato quadrado ou retangular, composto de folhas de papel, unidas umas às outras por um dos lados). Seu conteúdo e suas mensagens (racionais ou emocionais) seriam transmitidos por outros meios, como por exemplo microfilmes e fitas gravadas.

A televisão transformaria o mundo todo em uma grande "aldeia" (como afirmou Marshall McLuhan), no momento em que todas as sociedades decretassem sua prioridade em relação aos textos escritos. Mas a palavra escrita dificilmente deixaria de ser considerada uma das mais importantes heranças culturais, entre todos os povos.

Através de toda a sua evolução, o livro sempre pôde ser visto como objeto cultural (manuseável, com forma entendida e interpretada em função de valores plásticos) e símbolo cultural (dotado de conteúdo, entendido e interpretado em função de valores semânticos). As duas maneiras podem fundir-se no pensamento coletivo, como um conjunto orgânico (onde texto e arte se completam, por exemplo, em um livro de arte) ou apenas como um conjunto textual (onde a mensagem escrita vem em primeiro lugar — em um livro de matemática, por exemplo).

A mensagem (racional, prática ou emocional) de um livro é sempre intelectual e pode ser revivida a cada momento. O conteúdo, estático em si, dinamiza-se em função da assimilação das palavras pelo leitor, que pode discuti-las, reafirmá-las, negá-las ou transformá-las. Por isso, o livro pode ser considerado instrumento cultural capaz de liberar informação, sons, imagens, sentimentos e ideias através do tempo e do espaço. A quantidade e a qualidade de ideias colocadas em um texto podem ser aceitas por uma sociedade, ou por ela negadas, quando entram em choque com conceitos ou normas culturalmente admitidos.

Nas sociedades modernas, em que a classe média tende a considerar o livro como sinal de *status* e cultura (erudição), os compradores utilizam-no como símbolo mesmo, desvirtuando suas funções ao transformá-lo em livro-objeto. Mas o livro é, antes de tudo, funcional — seu conteúdo é que lhe dá valor (os livros de ciências, filosofia, religião, artes, história e geografia, que representam cerca de 75% dos títulos publicados anualmente em todo o mundo).

O mundo lê mais

No século XX, o consumo e a produção de livros aumentaram progressivamente. Lançado logo após a Segunda Guerra Mundial (1939/45), quando uma das características principais da edição de um livro eram as capas entreteladas ou cartonadas, o livro de bolso constituiu um grande êxito comercial. As obras — sobretudo *best sellers* publicados algum tempo antes em edições de luxo — passaram a ser impressas em rotativas, como as revistas, e distribuídas nas bancas de jornal. Como as tiragens elevadas permitiam preços muito baixos, essas edições de bolso popularizaram-se e ganharam importância em todo o mundo.

Até 1950, existiam somente livros de bolso destinados a pessoas de baixo poder aquisitivo; a partir de 1955, desenvolveu-se a categoria do livro de bolso "de luxo". As características principais destes últimos eram a abundância de coleções — em 1964 havia mais de duzentas, nos Estados Unidos — e a variedade de títulos, endereçados a um público intelectualmente mais refinado. A essa diversificação das categorias adiciona-se a dos pontos de venda, que passaram a abranger, além das bancas de jornal, farmácias, lojas, livrarias, etc. Assim, nos Estados Unidos, o número de títulos publicados em edições de bolso chegou a 35 mil em 1969, representando quase 35% do total dos títulos editados.

Proposta da coleção "A Obra-Prima de Cada Autor"

"Coleção" é uma palavra há muito tempo dicionarizada e define o conjunto ou reunião de objetos da mesma natureza ou que têm alguma relação entre si. Em um sentido editorial, significa o conjunto não limitado de obras de autores diversos, publicado por uma mesma editora, sob um título geral indicativo de assunto ou área, para atendimento de segmentos definidos do mercado.

A coleção "A Obra-Prima de Cada Autor" corresponde plenamente à definição acima mencionada. Nosso principal objetivo é oferecer, em formato de bolso, a obra mais importante de cada autor, satisfazendo o leitor que procura qualidade.*

Desde os tempos mais remotos existiram coleções de livros. Em Nínive, em Pérgamo e na Anatólia existiam coleções de obras literárias de grande importância cultural. Mas nenhuma delas superou a célebre biblioteca de Alexandria, incendiada em 48 a.C. pelas legiões de Júlio César, quando estas arrasaram a cidade.

A coleção "A Obra-Prima de Cada Autor" é uma série de livros a ser composta por mais de 400 volumes, em formato de bolso, com preço altamente competitivo, e pode ser encontrada em centenas de pontos de venda. O critério de seleção dos títulos foi o já estabelecido pela tradição e pela crítica especializada. Em sua maioria, são obras de ficção e filosofia, embora possa haver textos sobre religião, poesia, política, psicologia e obras de autoajuda. Inauguram a coleção quatro textos clássicos: *Dom Casmurro*, de Machado de Assis; *O Príncipe*, de Maquiavel; *Mensagem*, de Fernando Pessoa; e *O lobo do mar*, de Jack London.

Nossa proposta é fazer uma coleção quantitativamente aberta. A periodicidade é mensal. Editorialmente, sentimo-nos orgulhosos de poder oferecer a coleção "A Obra-Prima de Cada Autor" aos leitores brasileiros. Nós acreditamos na função do livro.

---

* Atendendo a sugestões de leitores, livreiros e professores, a partir de certo número da coleção começamos a publicar, de alguns autores, outras obras além da sua obra-prima.

UM ESTUDO

O antagonista de Basílio da Gama

FABIO MARIO DA SILVA*

1. *O Uraguai*

Esta obra, no seu contexto histórico, explora um tema quase contemporâneo do autor: a luta dos portugueses e espanhóis contra os índios aldeados nas missões jesuíticas, do então estado do Rio Grande do Sul, que foi justificada sob a bandeira do Tratado de Madri (1750) — acordo assinado entre lusos e espanhóis, que tinha por objetivo demarcar as fronteiras das suas colônias, uma vez que a linha estabelecida pelo Tratado de Tordesilhas[1], de 1494, tinha sido

---

* Mestre em Estudos Lusófonos e doutorando em Literatura pela Universidade de Évora, vem dedicando-se à pesquisa da obra de Florbela Espanca. Também é pesquisador do CNPq, com um projeto intitulado "Aproximações regionais: Alentejo português e nordeste brasileiro — Florbela; romanceiros e romance sergipanos", sediado na Universidade Federal de Sergipe, sob a orientação da profa. dra. Maria Lúcia Dal Farra. Atualmente é Professor Convidado da Universidade de Varsóvia (Polônia), onde ministrou aulas de Literatura Brasileira, Portuguesa e Africana em Língua Portuguesa. Vem dedicando-se à pesquisa metacrítica da obra de Florbela Espanca. Também se dedica ao estudo da poesia do angolano António Jacinto, da literatura brasileira dos séculos XIX e XX, da teoria da poesia, da autoria feminina, tendo como objetivos atuais pesquisar a literatura das minorias.

[1] O Tratado de Tordesilhas era uma linha imaginária que passava a 370 léguas de Cabo Verde, na qual portugueses e espanhóis dividiam o novo

ultrapassada. Toda a problemática se passou quando o então governador do Rio de Janeiro, conde de Bobadela, iniciou as demarcações no sul do Brasil, fazendo que os índios dos Sete Povos das Missões[2] do Uruguai se rebelassem, incentivados pelos jesuítas. Vale ressaltar que um dos tópicos do acordo dizia que os portugueses deveriam ter a posse das Missões (cujos sacerdotes se negavam a ter a cidadania portuguesa), dando em troca aos espanhóis a Colônia do Santíssimo Sacramento, posse portuguesa, encravada em território espanhol.

Todos os esforços na pacificação, por parte dos lusos e espanhóis, entre 1752 e 1753, foram em vão, iniciando-se uma luta armada, também chamada de Guerra Guaranítica, sob o comando do conde de Bobadela, do coronel Tomás Luís Osório e do governador de Buenos Aires, que venceram índios e padres. Lembremo-nos de que é no ano de 1759 que a Companhia de Jesus é expulsa de Portugal por aquele que detinha poderes diante do rei, o marquês de Pombal. Isso quer dizer que a Guerra Guaranítica já nos dá indícios daquilo que viria a acontecer com os jesuítas, que cada vez mais detinham o poder, indo na contramão do poder régio.

A "épica"[3] de Basílio da Gama, além de tentar relatar esse contexto histórico, mostra-se claramente em apoio ao poder do marquês de Pombal, construindo um perfil negativo dos jesuítas. Esse fator, necessariamente, não indica que Basílio seria contrário aos jesuítas (até porque ele foi preso por suspeitas de ligações com os padres). Seria então uma forma de ser aceito na sociedade lusitana? Antonio Candido diz que, apesar de favorecer Pombal, um fator contribui para que o autor tomasse para si o assunto sobre os padres: a campanha antijesuítica na Europa era extensa e violenta, e isso poderia impressionar "o inflamado e volúvel Basílio". Entretanto, o crítico reconhece que "não decorre, porém, que agisse por má-fé, se agiu em parte por

---

mundo em duas partes. As duas nações, porém, foram desrespeitando o acordo ao longo dos tempos, e por isso foi criado um novo documento dois séculos e meio depois.

[2] Nome dado ao conjunto de aldeamentos indígenas fundados pelos jesuítas no sul do Brasil, localizados a leste do Rio Uruguai.

[3] Antonio Candido afirma que é erro considerar *O Uraguai* uma épica, pois ela seria, primeiramente, lírica, heroica e didática ("O disfarce épico de Basílio da Gama." In: Antonio Candido, *Formação da literatura brasileira* (*momentos decisivos*), São Paulo, Livraria Martins Editora, 1959, vol. I, p. 122).

interesse; a análise do poema deve ter mostrado a presença da inspiração e de problemas que a situação despertou na sua mente criadora"[4].

Nota-se que Basílio da Gama inovou a "épica" brasileira — também chamada de poemeto épico por Alfredo Bosi —, ao mostrar-nos um tema que seria recorrente no Romantismo, retratando os indígenas, e por não utilizar a métrica tradicional (usou versos decassílabos brancos, isto é, sem rimas). Aliás, essa nova composição do épico traz, segundo Maria do Carmo Lanna Figueiredo, alguns debates:

> O deslocamento da posição e da função do herói épico acompanha deslocamentos que merecem discussões da crítica literária. Poemeto épico, disfarce épico, incapacidade épica, provocando afastamento das normas do género, são opiniões que revelam a dificuldade de explicar, absorver ou justificar a posição do poema frente à epopeia tradicional em que se inspira[5].

Em relação aos personagens se destacam, principalmente, o português Gomes Freire de Andrade; Lindoia (heroína indígena), seu irmão, Caitutu, e seu marido Cacambo; o padre Balda, o jesuíta "vilão"; a feiticeira Tanajura, entre outros personagens. Toda a narrativa mostra-nos uma imagem do índio valente, inocente e controlado por jesuítas, tudo dentro da perspectiva de dominação dos portugueses, na qual os índios são personagens heroicos, transpondo-os para o ideal de "bom selvagem". Torna-se evidente que o autor de *O Uraguai* antecipou algumas características que seriam desenvolvidas pelos românticos brasileiros, com a chamada "fase indianista", mas dentro de outra perspectiva, como constatou Maria Aparecida Ribeiro:

> Apesar da posição inaugural assumida por Basílio da Gama com o tratamento individual dado ao índio, transformando-o de motivo em personagem, e da alusão ao homem natural e livre, o que prevalece no poema é o canto da ordem, da justiça, da paz, na perspectiva europeia [6].

---

[4] *Idem*, p. 131.

[5] Figueiredo, Maria do Carmo Lanna. "*O Uraguai*, de Basílio da Gama." In: Sílvio Castro (dir.), *História da literatura brasileira*, Lisboa, Alfa, 1999, vol. I, p. 250-56.

[6] Ribeiro, Maria A. *Literatura brasileira*, Lisboa, Universidade Aberta, 1995, p. 67.

No primeiro canto encontramos a construção de uma alegoria, por meio da figura do estado do Maranhão, onde é descrito um campo de batalha coberto de cadáveres. Há, a seguir à introdução do canto, um recuo no tempo, no qual se mostra a constituição do exército luso-espanhol. No Canto II destaca-se o encontro do general Gomes Freire de Andrade com os caciques Sepé e Cacambo. Os jesuítas porém tentam persuadir os índios, como nos relata o narrador da "epopeia": "Os padres faziam crer aos índios que os portugueses eram gente sem lei, que adoravam o ouro". No Canto III é relatado o incêndio provocado pelo índio Cacambo, que morre assassinado após a traição de Balda. É também descrita uma das passagens mais marcantes da obra, na qual a linda índia, guiada pela feiticeira Tanajura, tem uma visão profética de seu futuro e da catástrofe que se abateu sobre a cidade de Lisboa — o terremoto de 1755. No penúltimo canto é apresentada a aflição da heroína Lindoia, viúva de Cacambo, que é obrigada a casar com Baldetta, filho do padre Balda, que poderia, desse modo, controlar mais facilmente a tribo. A índia prefere a morte a esse casamento com Baldetta, guardando-se fiel à memória do amado: o índio acima de tudo tem carácter e é dotado de nobreza.

A morte de Lindoia é já um anúncio do fim do discurso "épico"; por fim o narrador dá sua opinião, no final do Canto V, sobre todas as atitudes dos personagens: "Basílio da Gama recusou o modelo camoniano porque não via semelhança entre o seu assunto e o de *Os Lusíadas*, mas não teve dúvidas em arrimar-se ao episódio da morte de Inês de Castro para retratar o passamento da sua heroína"[7].

Caracterizado por traços arcádios e de cariz romântico, *O Uraguai* se revela, como afirmou Vânia Chaves, um texto fundador da literatura brasileira[8], quiçá, segundo Antonio Candido, o mais importante. É um épico à brasileira: recodificando o gênero, simplificando o estilo, sem perder a nobreza da linguagem, antecipando convenções literárias e construindo personagens inesquecíveis na literatura brasileira, principalmente com a figura de Lindoia, o autor mostra-nos as aproximações entre o épico, o lírico e o narrativo: "Eis o mistério de *O Uraguai*: sendo a projeção de um tropo de significar, é justo que

---

[7] Massaud, Moisés. História da literatura brasileira, Origens, Barroco, Arcadismo, São Paulo, Cultrix, 1983, vol. I, p. 298.

[8] Essa afirmação é defendida pela autora na sua tese de doutorado apresentada à Faculdade de Letras da Universidade de Lisboa.

encante os leitores por diferentes significados, como tem acontecido com diversas gerações"[9].

Basílio da Gama apresenta-nos seu antagonismo nesta obra: se por um lado se assume "americano", em contrapartida fica na perspectiva do europeu, mas nem por isso deixa de exaltar o habitante natural do Brasil — os índios — como um povo honesto e heroico. Repensando a literatura, Basílio construiu, junto com outros autores, as bases de uma literatura nacional, mesmo sob a visão da metrópole.

2. *A Declamação Trágica*

É um texto que — não declarado pelo autor — provavelmente seria, como constataram Vânia Chaves e Francisco Topa, uma "imitação livre" de um texto da época, *La Déclamation Théâtrale*, de Claude Joseph Dorat. A obra inicia fazendo referência a outro escritor francês, Despréaux, exaltando as imagens e cores dos seus versos. De certa forma, o início do poema é construído por meio do tópico horaciano do *ut pictura poesis*: a aproximação entre a poesia e a pintura. No decorrer da declamação trágica constatamos que o "eu" assiste a uma tragédia por meio da encenação de uma bela atriz; ou seja, é uma narração da narração. Dessa forma, pode-se descrever não apenas a peça, mas também o público e sua reação, divagando também sobre outras questões. A exaltação do teatro, principalmente das cenas mudas, é associada ao triunfo da arte. No final do texto, identificamos que a apresentação teatral trágica conseguiu atingir o seu propósito — a catarse aristotélica[10] —, purificando as emoções do narrado e das personagens espectadoras. O poema se reveste de várias facetas: lírico, dramático, narrativo; os poetas clássicos são exaltados no fim da apresentação e a catarse cumpriu o seu dever.

---

[9] Teixeira, Ivan. Mecenato pombalino e poesia neoclássica, São Paulo, Edusp, 1999, p. 496.

[10] As ideias sobre a catarse aristotélica se encontram na obra *Arte Poética*, de Aristóteles.

O Uraguai*

* As notas de rodapé foram redigidas pelo autor. (N. do E.)

“At specus, et Caci detecta apparuit ingens
Regia, et umbrosae penitus patuere cavernae.”

VIRG., *Eneid*. liv. VIII.

Ao ilustríssimo e excelentíssimo
Senhor Conde de Oeiras

Soneto

Ergue de jaspe um globo alvo e rotundo,
E em cima a estátua de um Herói perfeito;
Mas não lhe lavres nome em campo estreito,
Que o seu nome enche a terra e o mar profundo.

Mostra na jaspe, artífice facundo,
Em muda história tanto ilustre feito,
Paz, Justiça, Abundância e firme peito,
Isto nos basta a nós e ao nosso mundo.

Mas porque pode em século futuro,
Peregrino, que o mar de nós afasta,
Duvidar quem anima o jaspe duro,

Mostra-lhe mais Lisboa rica e vasta,
E o Comércio, e em lugar remoto e escuro,
Chorando a Hipocrisia. Isto lhe basta.

Do autor.

"... saevis... periclis / Servati facimus."

VIRG., *En*. viii.

Canto primeiro

Fumam ainda nas desertas praias
Lagos de sangue tépidos e impuros
Em que ondeiam cadáveres despidos,
Pasto de corvos. Dura inda nos vales
O rouco som da irada artilheria.
MUSA, honremos o Herói que o povo rude
Subjugou do Uraguai, e no seu sangue
Dos decretos reais lavou a afronta.
Ai tanto custas, ambição de império!
E Vós[1], por quem o Maranhão pendura

Rotas cadeias[2] e grilhões pesados,

---

[1] *E Vós*. O ilustríssimo e excelentíssimo senhor Francisco Xavier de Mendonça Furtado foi governador e capitão-general das capitanias do Grão--Pará e Maranhão; e fez ao norte do Brasil o que o Conde de Bobadela fez da parte do sul: encontrou nos jesuítas a mesma resistência e venceu-a da mesma sorte.

[2] *Rotas cadeias*. Os índios lhe devem inteiramente a sua liberdade. Os jesuítas nunca declamaram contra o cativeiro destes miseráveis racionais, senão porque pretendiam ser só eles os seus senhores. Ultimamente foram, nos nossos dias, nobilitados e admitidos aos cargos da República. Este procedimento honra a humanidade.

Herói e irmão de heróis[3], saudosa e triste
Se ao longe a vossa América vos lembra,
Protegei os meus versos. Possa entanto
Acostumar ao voo as novas asas
Em que um dia vos leve. Desta sorte
Medrosa deixa o ninho a vez primeira
Águia, que depois foge à humilde terra
E vai ver de mais perto no ar vazio
O espaço azul, onde não chega o raio.
Já dos olhos o véu tinha rasgado

A enganada Madri[4], e ao Novo Mundo
Da vontade do Rei núncio severo
Aportava Catâneo: e ao grande Andrade[5]
Avisa que tem prontos os socorros
E que em breve saía ao campo armado.
Não podia marchar por um deserto
O nosso General, sem que chegassem
As conduções, que há muito tempo espera.
Já por dilatadíssimos caminhos
Tinha mandado de remotas partes
Conduzir os petrechos para a guerra.

---

[3] *Irmão de heróis*. Em uma só família achou o Rei três irmãos dignos de repartirem entre si todo o peso do Governo. Com quanto maior glória nossa podem os estranhos dizer da Corte de Lisboa o que já se disse de Roma, ao vê-la nas mãos dos três famosos Horácios, Corneille, Horace:

Et son illustre ardeur d'oser plus que les autres
D'une seule maison brave toutes les notres.
Ce choix pouvoit combler trois familles de gloire.

[4] *A enganada Madri*. Os jesuítas por si e pelos seus fautores tinham feito na Corte de Madri o último esforço para impedir a execução do Tratado de Limites.

[5] *Andrade*. O ilustríssimo e excelentíssimo senhor Gomes Freire de Andrade.

Mas entretanto cuidadoso e triste
Muitas cousas a um tempo revolvia
No inquieto agitado pensamento.
Quando pelos seus guardas conduzido
Um índio, com insígnias de correio,
Com cerimônia estranha lhe apresenta
Humilde as cartas, que primeiro toca
Levemente na boca e na cabeça.
Conhece a fiel mão e já descansa
O ilustre General, que viu, rasgando,
Que na cera encarnada impressa vinha
A águia real do generoso Almeida[6].
Diz-lhe que está vizinho e traz consigo,
Prontos para o caminho e para a guerra,
Os fogosos cavalos e os robustos
E tardos bois que hão de sofrer o jugo
No pesado exercício das carretas.
Não tem mais que esperar, e sem demora
Responde ao castelhano que partia,
E lhe determinou lugar e tempo[7]
Para unir os socorros ao seu campo.
Juntos enfim, e um corpo do outro à vista,
Fez desfilar as tropas pelo plano,
Por que visse o espanhol em campo largo
A nobre gente e as armas que trazia.
Vão passando as esquadras: ele entanto
Tudo nota de parte e tudo observa
Encostado ao bastão. Ligeira e leve

---

[6] *Almeida*. O Coronel José Inácio de Almeida.
[7] *Lugar e tempo*. O dia 16 de janeiro de 1756 em Santo Antônio, o Velho.

Passou primeiro a guarda, que na guerra
É primeira a marchar, e que a seu cargo
Tem descobrir e segurar o campo.
Depois desta se segue a que descreve
E dá ao campo a ordem e a figura,
E transporta e edifica em um momento
O leve teto e as movediças casas,
E a praça e as ruas da cidade errante.
Atrás dos forçosíssimos cavalos
Quentes sonoros eixos vão gemendo
Co' peso da funesta artilheria.
Vinha logo de guardas rodeado
— Fontes de crimes — militar tesouro,
Por quem deixa no rego o curvo arado
O lavrador, que não conhece a glória;
E vendendo a vil preço o sangue e a vida
Move, e nem sabe por que move, a guerra.
Intrépidos e imóveis nas fileiras,
Com grandes passos, firme a testa e os olhos
Vão marchando os mitrados granadeiros,
Sobre ligeiras rodas conduzindo
Novas espécies[8] de fundidos bronzes
Que amiúdam, de prontas mãos servidos,
E multiplicam pelo campo a morte.
Que é este, Catâneo perguntava,
Das brancas plumas e de azul e branco
Vestido, e de galões coberto e cheio,
Que traz a rica cruz no largo peito?

[8] *Novas espécies*. As companhias de granadeiros levaram a esta expedição peças de amiudar, que foram as primeiras que passaram ao Brasil.

Geraldo, que os conhece, lhe responde:
É o ilustre Meneses[9], mais que todos
Forte de braço e forte de conselho.
Toda essa guerreira infanteria,
A flor da mocidade e da nobreza
Como ele azul e branco e ouro vestem.
Quem é, continuava o castelhano,
Aquele velho vigoroso e forte,
Que de branco e amarelo e de ouro ornado
Vem os seus artilheiros conduzindo?
Vês o grande alpoim[10]. Este o primeiro
Ensinou entre nós por que caminho
Se eleva aos céus a curva e grave bomba
Prenhe de fogo; e com que força do alto
Abate os tetos da cidade e lança
Do roto seio envolta em fumo a morte.
Seguiam juntos o paterno exemplo
Dignos do grande pai ambos os filhos.
Justos céus! E é forçoso, ilustre Vasco[11],
Que te preparem as soberbas ondas,
Longe de mim, a morte e a sepultura?
Ninfas do amor, que vistes, se é que vistes,
O rosto esmorecido e os frios braços,
Sobre os olhos soltai as verdes tranças.
Triste objeto de mágoa e de saudade,

---

[9] *Meneses*. O Coronel Francisco Antônio Cardoso de Meneses, hoje Governador da Colônia.

[10] *Alpoim*. O brigadeiro.

[11] *Vasco*. Fernandes Pinto Alpoim, filho do brigadeiro e particular amigo do Autor, morreu tenente-coronel na flor dos seus anos em uma embarcação, que se perdeu, vindo da Colônia para o Rio de Janeiro.

Como em meu coração, vive em meus versos.
Com os teus encarnados granadeiros
Também te viu naquele dia o campo,
Famoso Mascarenhas[12], tu, que agora
Em doce paz, nos menos firmes anos,
Igualmente servindo ao rei e à pátria,
Ditas as leis ao público sossego,
Honra de Toga e glória do Senado.
Nem tu, Castro[13] fortíssimo, escolheste
O descanso da pátria: o campo e as armas
Fizeram renovar no ínclito peito
Todo o heroico valor dos teus passados.
Os últimos que em campo se mostraram
Foram fortes dragões de duros peitos,
Prontos para dous gêneros de guerra,
Que pelejam a pé sobre as montanhas,
Quando o pede o terreno; e quando o pede
Erguem nuvens de pó por todo o campo
Co' tropel dos magnânimos cavalos.
Convida o General depois da mostra,
Pago da militar guerreira imagem,
Os seus e os espanhóis; e já recebe
No pavilhão purpúreo, em largo giro,
Os capitães a alegre e rica mesa.
Desterram-se os cuidados, derramando
Os vinhos europeus nas taças de ouro.

---

[12] *Mascarenhas*. Fernando Mascarenhas, capitão da granadeiros, depois sargento-mor, atualmente serve no Senado.

[13] *Castro*. O Tenente-coronel Gregório de Castro Morais, de ilustríssima família, que teve o governo do Rio de Janeiro no tempo da invasão do famoso Du Guay Trouin.

Ao som da ebúrnea cítara sonora
Arrebatado de furor divino
Do seu herói, Matúsio celebrava
Altas empresas dignas de memória.
Honras futuras lhe promete, e canta
Os seus brasões, e sobre o forte escudo
Já de então lhe afigura e lhe descreve
As pérolas e o título de Grande.
Levantadas as mesas, entretinham
O congresso de heróis discursos vários.
Ali Catâneo ao General pedia
Quc do princípio lhc dissesse as causas
Da nova guerra e do fatal tumulto.
Se aos Padres seguem os rebeldes povos?
Quem os governa em paz e na peleja?
Que do premeditado oculto Império
Vagamente[14] na Europa se falava
Nos seus lugares cada qual imóvel
Pende da sua boca: atende em roda
Tudo em silêncio, e dá princípio Andrade:
O nosso último rei e o rei de Espanha
Determinaram, por cortar de um golpe,
Como sabeis, neste ângulo da terra,
As desordens de povos confinantes,

[14] *Vagamente*. Os jesuítas têm tido a animosidade de negar por toda Europa o que se acabou de passar na América nos nossos dias à vista de dous exércitos. O Autor o experimentou em Roma, onde muitas pessoas o buscavam só para saberem com fundamento as notícias do Uraguai; testemunhando um estranho contentamento de encontrarem um americano que os podia informar miudamente de tudo o sucedido. A admiração que causava a estranheza de fatos entre nós tão conhecidos fez nascer as primeiras ideias deste poema.

Que mais certos sinais[15] nos dividissem
Tirando a linha de onde a estéril costa,
E o cerro de Castilhos o mar lava
Ao monte mais vizinho, e que as vertentes
Os termos do domínio assinalassem.
Vossa fica a Colônia, e ficam nossos
Sete povos, que os Bárbaros habitam
Naquela oriental vasta campina
Que o fértil Uraguai discorre e banha.
Quem podia esperar que uns índios rudes,
Sem disciplina[16], sem valor, sem armas,
Se atravessassem no caminho aos nossos,
E que lhes disputassem[17] o terreno!
Enfim não lhes dei ordens para a guerra:
Frustrada a expedição, enfim voltaram.
Co' vosso general me determino
A entrar no campo juntos, em chegando
A doce volta da estação das flores.
Não sofrem tanto os índios atrevidos:
Juntos um nosso forte entanto assaltam.
E os padres os incitam e acompanham.
Que, à sua discrição, só eles podem
Aqui mover ou sossegar a guerra.

---

[15] *Mais certos sinais*. O Tratado de Limites das Conquistas celebrou-se a 16 de janeiro de 1750 entre os senhores reis D. João o V de Portugal e D. Fernando o VI da Espanha. Este tratado feria os jesuítas na alma, porque por ele se entregavam aos portugueses as terras que a Companhia depois de muito tempo possuía como suas da parte oriental do rio Uraguai.

[16] *Sem disciplina*. Como naquele tempo se imaginava.

[17] *Lhes disputassem*. Os oficiais militares que foram fazer a demarcação chegaram ao posto de Santa Tecla e nele acharam fortificados os índios, que lhes impediram os passos.

Os índios que ficaram prisioneiros[18]
Ainda os podeis ver neste meu campo.
Deixados os quartéis, enfim partimos[19]
Por diversas estradas, procurando
Tomar no meio os rebelados povos.
Por muitas léguas de áspero caminho,
Por lagos, bosques, vales e montanhas,
Chegamos onde nos impede o passo
Arrebatado e caudaloso rio[20].
Por toda a oposta margem se descobre
De bárbaros o número infinito
Que ao longe nos insulta e nos espera.
Preparo curvas balsas e pelotas[21],
E em uma parte de passar aceno,
Enquanto em outra passo oculto as tropas.
Quase tocava o fim da empresa, quando
Do vosso general um mensageiro

---

[18] *Prisioneiros*. Foram cinquenta esses prisioneiros; alguns dos principais vieram remetidos ao Rio de Janeiro, onde o Autor os viu e falou com eles. Contestavam ingenuamente que os padres tinham vindo em sua companhia até o rio Pardo e se tinham deixado ficar da outra banda. Mostravam-se surpreendidos da doçura que encontravam no trato dos portugueses. Diziam que os padres não cessavam de lhes intimar nas suas pregações que os portugueses tinham o diabo no corpo e que eram todos feiticeiros. Que em matando algum, para que não tornasse a viver, era necessário pôr-lhe a cabeça um palmo longe do corpo; o que eles religiosamente observavam.

[19] *Partimos*. Saiu o general português do Rio Grande de S. Pedro a 28 de julho de 1754.

[20] *Caudaloso rio*. Jacuí. Chegaram a ele aos 7 de setembro.

[21] *Balsas e pelotas*. Espécie de barcos em que os nossos passam naquele país os maiores e mais profundos rios. Fazem-se de couros de boi. Levam no fundo as cargas, e em cima os homens com os cavalos nadando à mão. Os índios, que são robustíssimos e grandes nadadores, tiram toda esta máquina por uma corda, cuja ponta tomam nos dentes. Quem vai dentro leva na mão a outra ponta, largando-a mais, ou menos, conforme julga ser necessário.

Me afirma que se havia retirado[22]:
A disciplina militar dos índios
Tinha esterilizado aqueles campos.
Que eu também me retire, me aconselha,
Até que o tempo mostre outro caminho.
Irado, não o nego, lhe respondo:
Que para trás não sei mover um passo.
Venha quando puder, que eu firme o espero.
Porém o rio e a forma do terreno[23]
Nos faz não vista e nunca usada guerra.
Sai furioso do seu seio, e toda
Vai alagando com o desmedido
Peso das águas a planície imensa.
As tendas[24] levantei, primeiro aos troncos,
Depois aos altos ramos: pouco a pouco
Fomos tomar na região do vento
A habitação aos leves passarinhos.
Tece o emaranhadíssimo arvoredo
Verdes, irregulares, e torcidas

---

[22] *Se havia retirado*. Retiraram-se as tropas castelhanas, enfraquecida a cavalaria. Tinham-se metido muito pela margem do rio, que estava rapada dos gados jesuíticos. Finalmente não tinha vontade de entrar em Missões; nem até então estavam inteiramente persuadidos da intenção do Rei. A maior razão de duvidar nascia das cartas que vinham da Corte de Madri por uma oculta cabala; os jesuítas tudo revolviam, e maquinavam mais que nunca.

[23] *Forma do terreno*. Todos aqueles bosques e várgeas por muitas e muitas léguas são alagadiços e sujeitos a estas enchentes. Há nações inteiras de índios que fazem as suas choupanas e vivem sobre as árvores. São destríssimos em subir e descer sem cordas nem gênero algum de escada. As árvores são altíssimas e têm a maior parte do ano as raízes na água.

[24] *As tendas*. Talvez não se achará na História outro sucesso semelhante. Foi necessária toda a constância do Conde de Bobadela para ter dous meses um exército abarracado sobre as árvores.

Ruas e praças, de uma e de outra banda
Cruzadas de canoas[25]. Tais podemos
Co'a mistura das luzes, e das sombras
Ver por meio de um vidro transplantados
Ao seio de Ádria os nobres edifícios,
E os jardins, que produz outro elemento.
E batidas do remo, e navegáveis
As ruas da marítima Veneza.
Duas vezes a lua prateada
Curvou no céu sereno os alvos cornos,
E inda continuava a grossa enchente.
Tudo nos falta no país deserto.
Tardar devia[26] o espanhol socorro.
E de si nos lançava o rio e o tempo.
Cedi, e retirei-me às nossas terras.
Deu fim à narração o invicto Andrade
E antes de se soltar o ajuntamento,
Com os régios poderes, que ocultara,
Surpreende os seus, e os ânimos alegra,
Enchendo os postos todos do seu campo.
O corpo de dragões a Almeida entrega,
E Campo das Mercês o lugar chama.

---

[25] *Canoas*. Pequenas embarcações dos índios feitas de um só tronco; nelas vinham ocultamente fazer comércio com os portugueses e espanhóis.

[26] *Tardar devia. Post bellum auxilium.*

Canto segundo

Depois de haver marchado muitos dias
Enfim junto a um ribeiro, que atravessa
Sereno e manso um curvo e fresco vale,
Acharam, os que o campo descobriram,
Um cavalo anelante, e o peito e as ancas
Coberto de suor e branca escuma.
Temos perto o inimigo: aos seus dizia
O esperto General: Sei que costumam
Trazer os índios um volúvel laço,
Com o qual tomam no espaçoso campo
Os cavalos que encontram; e rendidos
Aqui e ali com o continuado
Galopear, a quem primeiro os segue
Deixam os seus, que entanto se restauram.
Nem se enganou; porque ao terceiro dia[1]

[1] *Ao terceiro dia.* Aos 10 de fevereiro de 1756.

Formados os achou sobre uma larga
Ventajosa colina, que de um lado
É coberta de um bosque e do outro lado
Corre escarpada e sobranceira a um rio.
Notava o General o sítio forte,
Quando Meneses, que vizinho estava,
Lhe diz: Nestes desertos encontramos
Mais do que se esperava, e me parece
Que só por força de armas poderemos
Inteiramente sujeitar os povos.
Torna-lhe o General: Tentem-se os meios
De brandura e de amor; se isto não basta,
Farei a meu pesar o último esforço.
Mandou, dizendo assim, que os índios todos
Que tinha prisioneiros no seu campo
Fossem vestidos das formosas cores,
Que a inculta gente simples tanto adora.
Abraçou-os a todos, como filhos,
E deu a todos liberdade. Alegres
Vão buscar os parentes e os amigos,
E a uns e a outros contam a grandeza
Do excelso coração e peito nobre
Do General famoso, invicto Andrade.
Já para o nosso campo vêm descendo,
Por mandado dos seus, dous dos mais nobres.
Sem arcos, sem aljavas; mas as testas
De várias e altas penas coroadas,
E cercadas de penas as cinturas,
E os pés, e os braços e o pescoço. Entrara
Sem mostras nem sinal de cortesia
Sepé no pavilhão. Porém Cacambo

Fez, ao seu modo, cortesia estranha,
E começou[2]: Ó General famoso,
Tu tens à vista quanta gente bebe
Do soberbo Uraguai a esquerda margem.
Bem que os nossos avôs[3] fossem despojo
Da perfídia de Europa, e daqui mesmo
Co's não vingados ossos dos parentes
Se vejam branquejar ao longe os vales,

Eu, desarmado e só, buscar-te venho[4].
Tanto espero de ti[5]. E enquanto as armas
Dão lugar à razão, senhor, vejamos

---

[2] *E começou*. Todos os padres aprendiam a língua dos índios e proibiam a estes, contra a intenção do Rei, usar de outra língua que não fosse a sua nacional. Desta sorte ficava impossibilitada a comunicação com os portugueses e castelhanos, e impenetrável o segredo do que se passava naqueles sertões. E o que é mais, é que os mesmos jesuítas se jactavam desta espécie de tirania na face de toda Europa:

Nescia gens nostri vivit.......................
..............................ad interiora venire
Regna vetent homines cupidos audita videndi.
Vanier, Praedium Rusticum, Lib. XIV.

[3] *Nossos avôs*. Por estes portugueses se nos trazem a casa todos os presentes prejuízos. Lembrai-vos que nos tempos passados mataram a vossos defuntos avôs. Mataram mais milhares deles por todas as partes, sem reservar as inocentes criaturas. Instruções, &c.

[4] *Buscar-te venho*. Tinham positiva ordem dos padres para o não fazerem. Os que nos aborrecem (por estas expressões caracterizavam os europeus), quando nos pretendam falar, havemos de escusar sua conversação, fugindo muito da dos espanhóis e muito mais dos portugueses... Se acaso nos quiserem falar, hão de ser cinco castelhanos, nada mais. Não sejam portugueses; porque se viessem alguns dos portugueses, não lhes há de ir bem. O padre, que é dos índios, e sabe a sua língua, há de ser o que sirva de intérprete, e então se fará tudo, porque deste modo se fará tudo como Deus manda; e senão irão as cousas por onde o Diabo quiser. Instruções, &c.

[5] *Tanto espero de ti*. Não queremos ir aonde vós estais, porque não temos confiança de vós-outros. Instruções.

Se se pode salvar a vida e o sangue
De tantos desgraçados. Muito tempo
Pode ainda tardar-nos o recurso
Com o largo oceano de permeio,
Em que os suspiros dos vexados povos
Perdem o alento. O dilatar-se a entrega
Está nas nossas mãos, até que um dia
Informados os reis nos restituam
A doce antiga paz. Se o rei de Espanha
Ao teu rei quer dar terras com mão larga
Que lhe dê Buenos Aires, e Correntes
E outras, que tem por estes vastos climas;
Porém não pode dar-lhes os nossos povos.
E inda no caso que pudesse dá-los,
Eu não sei se o teu rei sabe o que troca
Porém tenho receio que o não saiba.
Eu já vi a Colônia portuguesa
Na tenra idade dos primeiros anos,
Quando o meu velho pai co's nossos arcos
Às sitiadoras tropas castelhanas
Deu socorro, e mediu convosco as armas.
E quererão deixar os portugueses
A praça, que avassala e que domina
O gigante das águas, e com ela
Toda a navegação do largo rio,
Que parece que pôs a natureza
Para servir-vos de limite e raia?
Será; mas não o creio. E depois disto
As campinas que vês e a nossa terra
Sem o nosso suor e os nossos braços,

De que serve ao teu rei? Aqui não temos[6]
Nem altas minas, nem caudalosos
Rios de areias de ouro. Essa riqueza[7]
Que cobre os templos dos benditos padres,
Fruto da sua indústria e do comércio
Da folha e peles[8], é riqueza sua[9].
Com o arbítrio dos corpos e das almas
O céu lha deu em sorte. A nós somente
Nos toca arar e cultivar a terra,
Sem outra paga[10] mais que o repartido
Por mãos escassas mísero sustento.
Podres choupanas, e algodões tecidos,
E o arco, e as setas, e as vistosas penas

---

[6] *Aqui não temos*. Os padres faziam crer aos índios que os portugueses eram gente sem lei, que adoravam o ouro.

[7] *Essa riqueza*. As suas riquezas eram imensas: as suas casas e os seus templos magníficos, fora de quanto se pode imaginar em Europa. Nem é necessário ir tão longe: mesmo no Rio de Janeiro tinham os padres, entre outras imensas terras, a fazenda de Santa Cruz; tão grande que nenhuma daquelas opulentíssimas famílias se achou até hoje com fundo para comprá-la. Tinham só nesta mais de mil escravos. O gado era sem-número. Com tudo isto, é cousa certa que se lhes não achou dinheiro de consideração no seu sequestro. Poucos dias depois de partirem daquele porto, se apresentou ao Conde de Bobadela um leigo pedreiro, dizendo que vinha descobrir o lugar onde por ordem dos padres tinha escondido o dinheiro. Com efeito já se não achou mais que o lugar nos alicerces da igreja nova. Eles assim que viram que o leigo despia a roupeta fizeram-lhe uma ligeireza das suas.

[8] *Da folha e peles*. Os índios e os espanhóis fazem do *mate* o uso que os chineses fazem do seu *thé*. Este importantíssimo comércio era todo dos jesuítas do Paraguai. Cultivavam as árvores que dão a tal folha, e fabricavam-na e a faziam girar em surrões de pele por toda a América espanhola. Só este negócio rendia em cada um ano muitos milhões. Tudo suor dos miseráveis índios.

[9] *Riqueza sua. Semina nos colimus faustis, quae jecimus agris. Vanier, Praedium Rusticum, Lib. XIV*.

[10] *Sem outra paga. ...proprium. qui nil potiuntur; & usu. Cuncta tenent...* Ibid.

São as nossas fantásticas riquezas.
Muito suor[11], e pouco ou nenhum fasto.
Volta, senhor, não passes adiante.
Que mais queres de nós? Não nos obrigues
A resistir-te em campo aberto. Pode
Custar-te muito sangue o dar um passo.
Não queiras ver se cortam nossas frechas.
Vê que o nome dos reis[12] não nos assusta.
O teu está muito longe; e nós os índios
Não temos outro rei mais do que os padres.
Acabou de falar; e assim responde
O ilustre General: Ó alma grande,
Digna de combater por melhor causa,
Vê que te enganam: risca da memória
Vãs, funestas imagens, que alimentam
Envelhecidos mal fundados ódios.
Por mim te fala o rei: ouve-me, atende,
E verás uma vez nua a verdade.
Fez-vos livres o céu, mas se o ser livres
Era viver errantes e dispersos,
Sem companheiros, sem amigos, sempre
Com as armas na mão em dura guerra,

---

[11] *Muito suor.* Também não é necessário ir ao Uraguai para ter provas do excessivo trabalho dos índios no serviço dos padres. Entre a vila de Santos e a cidade de S. Paulo há uma serra muito íngreme e dilatada: não se pode subir a cavalo. O Conde de Bobadela, o melhor cavaleiro do seu tempo, caiu duas vezes logo à entrada, em cavalos que tinha escolhido para isso entre muitos. Todos a sobem a pé com o seu cavalo pela mão. Os padres como faziam voto de pobreza contentavam-se de a subir e descer recostados em redes às costas dos miseráveis índios; nem jamais passaram por ali de outra sorte. Este fato na Europa parece incrível; mas o Autor o atesta.

[12] *O nome dos reis*. Estas expressões não são ornato da poesia, passou na realidade tudo o que o Autor aqui faz dizer a este índio.

Ter por justiça a força, e pelos bosques
Viver do acaso, eu julgo que inda fora
Melhor a escravidão que a liberdade.
Mas nem a escravidão, nem a miséria
Quer o benigno rei que o fruto seja
Da sua proteção. Esse absoluto
Império ilimitado, que exercitam
Em vós os padres, como vós, vassalos,
É império tirânico, que usurpam.
Nem são senhores, nem vós sois escravos.
O rei é vosso pai: quer-vos felices.
Sois livres, como eu sou; e sereis livres,
Não sendo aqui, em outra qualquer parte.
Mas deveis entregar-nos estas terras.
Ao bem público cede o bem privado.
O sossego de Europa assim o pede.
Assim o manda o rei. Vós sois rebeldes,
Se não obedeceis; mas os rebeldes,
Eu sei que não sois vós, são os bons padres,
Que vos dizem a todos que sois livres,
E se servem de vós como de escravos.
Armados de orações vos põem no campo
Contra o fero trovão da artilheria,
Que os muros arrebata; e se contentam
De ver de longe a guerra: sacrificam,
Avarentos do seu, o vosso sangue.
Eu quero à vossa vista despojá-los
Do tirano domínio destes climas,
De que a vossa inocência os fez senhores.
Dizem-vos que não tendes rei? Cacique,
E o juramento de fidelidade?

Porque está longe, julgas que não pode
Castigar-vos a vós, e castigá-los?
Generoso inimigo, é tudo engano.
Os reis estão na Europa; mas adverte
Que estes braços, que vês, são os seus braços.
Dentro de pouco tempo um meu aceno
Vai cobrir este monte e essas campinas
De semivivos palpitantes corpos
De míseros mortais, que inda não sabem
Por que causa o seu sangue vai agora
Lavar a terra e recolher-se em lagos.
Não me chames cruel: enquanto é tempo
Pensa e resolve, e, pela mão tomando
Ao nobre embaixador, o ilustre Andrade
Intenta reduzi-lo por brandura.
E o índio, um pouco pensativo, o braço
E a mão retira; e, suspirando, disse:
Gentes de Europa, nunca vos trouxera
O mar e o vento a nós. Ah! não debalde
Estendeu entre nós a natureza
Todo esse plano espaço imenso de águas.
Prosseguia talvez; mas o interrompe
Sepé, que entra no meio, e diz: Cacambo
Fez mais do que devia; e todos sabem
Que estas terras[13], que pisas, o céu livres
Deu aos nossos avôs; nós também livres
As recebemos dos antepassados.
Livres as hão de herdar os nossos filhos.

[13] *Estas terras*. Estas terras no-las deu Deus, e a nossos avôs, e por isso só as possuímos em amor de Deus. Carta sediciosa, &c.

Desconhecemos, detestamos jugo
Que não seja o do céu[14], por mão dos padres.
As frechas partirão nossas contendas
Dentro de pouco tempo: e o vosso Mundo,
Se nele um resto houver de humanidade,
Julgará entre nós; se defendemos
Tu a injustiça, e nós o Deus e a Pátria.
Enfim quereis a guerra, e tereis guerra.
Lhe torna o General: Podeis partir-vos,
Que tendes livre o passo. Assim dizendo,
Manda dar a Cacambo rica espada
De tortas guarnições de prata e ouro,
A que inda mais valor dera o trabalho.
Um bordado chapéu e larga cinta
Verde, e capa de verde e fino pano,
Com bandas amarelas e encarnadas.
E mandou que a Sepé se desse um arco
De pontas de marfim; e ornada e cheia
De novas setas a famosa aljava:
A mesma aljava que deixara um dia,
Quando envolto em seu sangue, e vivo apenas,
Sem arco e sem cavalo, foi trazido
Prisioneiro de guerra ao nosso campo.
Lembrou-se o índio da passada injúria
E sobraçando a conhecida aljava
Lhe disse: Ó General, eu te agradeço
As setas que me dás e te prometo

---

[14] O do céu. Esta mistura do sagrado com o profano, ou para melhor dizer, aquele fazer servir a religião aos seus fins particulares, foi sempre o caráter dos jesuítas. Considere-se atentamente este verso:
Non gentem imperio, sed religione tenemus. Vanier, sup.

Mandar-tas bem depressa uma por uma
Entre nuvens de pós no ardor da guerra.
Tu as conhecerás pelas feridas,
Ou porque rompem com mais força os ares.
Despediram-se os índios, e as esquadras
Se vão dispondo em ordem de peleja,
Como mandava o General. Os lados
Cobrem as tropas de cavaleria,
E estão no centro firmes os infantes.
Qual fera boca de libréu raivoso,
De lisos e alvos dentes guarnecida,
Os índios ameaça a nossa frente
De agudas baionetas rodeada.
Fez a trombeta o som da guerra. Ouviram
Aqueles montes pela vez primeira
O som da caixa portuguesa; e viram
Pela primeira vez aqueles ares
Desenroladas as reais bandeiras.
Saem das grutas pelo chão cavadas,
Em que até li de indústria se escondiam.
Nuvens de índios, e a vista duvidava
Se o terreno os bárbaros nasciam.
Qual já no tempo antigo o errante Cadmo
Dizem que vira da fecunda terra
Brotar a cruelíssima seara.
Erguem todos um bárbaro alarido,
E sobre os nossos cada qual encurva
Mil vezes, e mil vezes sota o arco,
Um chuveiro de setas despedindo.
Gentil mancebo presumido e néscio,
A quem a popular lisonja engana,

Vaidoso pelo campo discorria,
Fazendo ostentação dos seus penachos.
Impertinente e de família escura,
Mas que tinha o favor dos santos padres,
Contam, não sei se é certo, que o tivera
A estéril mãe por orações de Balda[15].
Chamaram-no Baldetta por memória[16].
Tinha um cavalo de manchada pele
Mais vistoso que forte: a natureza
Um ameno jardim por todo o corpo
Lhe debuxou, e era Jardim chamado.
O padre na saudosa despedida
Deu-lho em sinal de amor[17]; e nele agora
Girando ao largo com incertos tiros
Muitos feria, e a todos inquietava.
Mas se então se cobriu de eterna infâmia,
A glória tua foi, nobre Gerardo.
Tornava o índio jactancioso, quando
Lhe sai Gerardo ao meio da carreira:

Disparou-lhe a pistola, e fez-lhe a um tempo
Co' reflexo do sol luzir a espada.

---

[15] *Balda*. O Padre Lourenço Balda foi uma das cabeças mais tenazes e que mais animava os índios à rebelião.

[16] *Por memória*. Os jesuítas da América não eram tão escrupulosos como afetavam ser os da Europa. Era bem fácil distinguir nas aldeias as índias que gozavam do favor dos padres. Da mesma sorte se distinguiam muito bem, entre os outros, os rapazes da família. Na Ásia era o mesmo. Leia-se a Carta do Bispo de Nanquim a Benedito XIV.

[17] *Sinal de amor:*
..................................quem candida Dido
Esse sui dederat monumentum, & pignus amoris
Virgílio, Eneida, liv. V.

Só de vê-lo se assusta o índio, e fica
Qual quem ouve o trovão e espera o raio.
Treme, e o cavalo aos seus volta, e pendente
A um lado e a outro de cair acena.
Deixando aqui e ali por todo o campo
Entornadas as setas; pelas costas,
Flutuavam as penas; e fugindo
Soltas da mão as rédeas ondeavam.
Insta Gerardo, e quase o ferro o alcança,
Quando Tatu-Guaçu[18], o mais valente
De quantos índios viu a nossa idade,
Armado o peito da escamosa pele
De um jacaré[19] disforme, que matara,
Se atravessa diante. Intenta o nosso
Com a outra pistola abrir caminho,
E em vão o intenta: a verde-negra pele,
Que ao índio o largo peito orna e defende,
Formou a natureza impenetrável.
Co'a espada o fere no ombro e na cabeça
E as penas corta, de que o campo espalha.
Separa os dous fortíssimos guerreiros
A multidão dos nossos, que atropela
Os índios fugitivos: tão depressa[20]

---

[18] *Tatu-Guaçu*. *Guaçu* na língua dos índios quer dizer *grande*. Alguns índios mais soberbos ajuntam esta palavra ao seu nome, que fica soando desta sorte, entre eles, como soa, entre nós, Carlos Magno, Alexandre Magno, &c.

[19] *Jacaré*. Com este nome o traz Marcgrave, *História Naturalis Brasiliae*, 242. Veja-se Linnaeus, *Systema Naturae*, Amphibia, Reptilia, Draco, I.

[20] *Tão depressa*. Ainda que os padres tinham armado os índios e feito quanto podiam para os disciplinar, contudo estavam bem longe de poder resistir às tropas regulares. Era necessária muita crueldade para entregar aqueles miseráveis à morte só por ambição e por capricho.

Cobrem o campo os mortos e os feridos,
E por nós a vitória se declara.
Precipitadamente as armas deixam,
Nem resistem mais tempo às espingardas.
Vale-lhe a costumada ligeireza,
Debaixo lhe desaparece a terra
E voam, que o temor aos pés põe asas,
Clamando ao céu e encomendando a vida
Às orações dos padres. Desta sorte
Talvez, em outro clima, quando soltam
A branca neve eterna os velhos Alpes,
Arrebata a corrente impetuosa
Co'as choupanas o gado. Aflito e triste
Se salva o lavrador nos altos ramos,
E vê levar-lhe a cheia os bois e o arado.
Poucos índios no campo mais famosos,
Servindo de reparo aos fugitivos,
Sustentam todo o peso da batalha,
Apesar da fortuna. De uma parte
Tatu-Guaçu mais forte na desgraça
Já banhado em seu sangue pertendia
Por seu braço ele só pôr termo à guerra.
Caitutu de outra parte altivo e forte
Opunha o peito à fúria do inimigo,
E servia de muro à sua gente.
Fez proezas Sepé naquele dia.
Conhecido de todos, no perigo
Mostrava descoberto o rosto e o peito
Forçando os seus co' exemplo e co'as palavras.
Já tinha despejado a aljava toda,
E destro em atirar, e irado e forte

Quantas setas da mão voar fazia
Tantas na nossa gente ensanguentava.
Setas de novo agora recebia,
Para dar outra vez princípio à guerra.
Quando o ilustre espanhol que governava
Montevidio, alegre, airoso e pronto
As rédeas volta ao rápido cavalo
E por cima de mortos e feridos,
Que lutavam co'a morte, o índio afronta.
Sepé, que o viu, tinha tomado a lança
E atrás deitando a um tempo o corpo e o braço
A despediu. Por entre o braço e o corpo
Ao ligeiro espanhol o ferro passa:
Rompe, sem fazer dano, a terra dura
E treme fora muito tempo a hástea.
Mas de um golpe a Sepé na testa e peito
Fere o governador, e as rédeas corta
Ao cavalo feroz. Foge o cavalo,
E leva involuntário e ardendo em ira
Por todo o campo a seu senhor; e ou fosse
Que regada de sangue aos pés cedia
A terra, ou que pusesse as mãos em falso,
Rodou sobre si mesmo, e na caída
Lançou longe a Sepé. Rende-te, ou morre,
Grita o governador; e o tape altivo,
Sem responder, encurva o arco, e a seta
Despede, e nela lhe prepara a morte.
Enganou-se esta vez. A seta um pouco
Declina, e açouta o rosto a leve pluma.
Não quis deixar o vencimento incerto
Por mais tempo o espanhol, e arrebatado

Com a pistola lhe fez tiro aos peitos.
Era pequeno o espaço, e fez o tiro
No corpo desarmado estrago horrendo.
Viam-se dentro pelas rotas costas
Palpitar as entranhas. Quis três vezes
Levantar-se do chão: caiu três vezes,
E os olhos já nadando em fria morte
Lhe cobriu sombra escura e férreo sono.
Morto o grande Sepé, já não resistem
As tímidas esquadras. Não conhece
Leis o temor. Debalde está diante,
E anima os seus o rápido Cacambo.
Tinha-se retirado da peleja
Caitutu mal ferido; e do seu corpo
Deixa Tatu-Guaçu por onde passa
Rios de sangue. Os outros mais valentes
Ou eram mortos, ou feridos. Pende
O ferro vencedor sobre os vencidos.
Ao número, ao valor cede Cacambo:
Salva os índios que pode, e se retira.

Canto terceiro

Já a nossa do mundo Última Parte
Tinha voltado[1] a ensanguentada fronte
Ao centro luminar quando a campanha
Semeada de mortos e insepultos
Viu desfazer-se a um tempo a vila errante
Ao som das caixas. Descontente e triste
Marchava o General: não sofre o peito
Compadecido e generoso a vista
Daqueles frios e sangrados corpos,
Vítimas da ambição de injusto império.
Foram ganhando e descobrindo terra
Inimiga e infiel; até que um dia
Fizeram alto e se acamparam onde

[1] *Voltado*. É dito por hipótese.

Incultas várgeas, por espaço imenso,
Enfadonhas e estéreis acompanham
Ambas as margens de um profundo rio.
Todas estas vastíssimas campinas
Cobrem palustres e tecidas canas
E leves juncos do calor tostados,
Pronta matéria de voraz incêndio.
O índio habitador de quando em quando
Com estranha cultura entrega ao fogo;
Muitas léguas de campo: o incêndio dura,
Enquanto dura e o favorece o vento.
Da erva, que renasce, se apascenta
O imenso gado, que dos montes desce;
E renovando incêndios desta sorte
A Arte emenda a Natureza, e podem
Ter sempre nédio o gado, e o campo verde.
Mas agora sabendo por espias
As nossas marchas, conservavam sempre
Secas as torradíssimas campinas;
Nem consentiam, por fazer-nos guerra,
Que a chama benfeitora e a cinza fria
Fertilizasse o árido terreno.
O cavalo até li forte e brioso,
E costumado a não ter mais sustento,
Naqueles climas, do que a verde relva
Da mimosa campina, desfalece.
Nem mais, se o seu senhor o afaga, encurva
Os pés, e cava o chão co'as mãos, e o vale
Rinchando atroa, e açouta o ar co'as clinas.
Era alta noite, e carrancudo e triste
Negava o céu envolto em pobre manto

A luz ao mundo, e murmurar se ouvia
Ao longe o rio, e menear-se o vento.
Respirava descanso a natureza.
Só na outra margem não podia entanto
O inquieto Cacambo achar sossego.
No perturbado interrompido sono
(Talvez fosse ilusão) se lhe apresenta
A triste imagem de Sepé despido,
Pintado o rosto do temor da morte,
Banhado em negro sangue, que corria
Do peito aberto, e nos pisados braços
Inda os sinais da mísera caída.
Sem adorno a cabeça, e aos pés calcada
A rota aljava e as descompostas penas.
Quanto diverso do Sepé valente,
Que no meio dos nossos espalhava,
De pó, de sangue e de suor coberto,
O espanto, a morte! E diz-lhe em tristes vozes:
Foge, foge, Cacambo. E tu descansas,
Tendo tão perto os inimigos? Torna,
Torna aos teus bosques, e nas pátrias grutas
Tua fraqueza e desventura encobre.
Ou, se acaso inda vivem no teu peito
Os desejos de glória, ao duro passo
Resiste valeroso; ah tu, que podes!
E tu, que podes, põe a mão nos peitos
À fortuna de Europa: agora é tempo,
Que descuidados da outra parte dormem.
Envolve em fogo e fumo o campo, e paguem
O teu sangue e o meu sangue. Assim dizendo
Se perdeu entre as nuvens, sacudindo

Sobre as tendas, no ar, fumante tocha;
E assinala com chamas o caminho.
Acorda o índio valeroso, e salta
Longe da curva rede, e sem demora
O arco e as setas arrebata, e fere
O chão com o pé: quer sobre o largo rio
Ir peito a peito a contrastar co'a morte.
Tem diante dos olhos a figura
Do caro amigo, e inda lhe escuta as vozes.
Pendura a um verde tronco as várias penas,
E o arco, e as setas, e a sonora aljava;
E onde mais manso e mais quieto o rio
Se estende e espraia sobre a ruiva areia
Pensativo e turbado entra; e com água
Já por cima do peito as mãos e os olhos
Levanta ao céu, que ele não via, e às ondas
O corpo entrega. Já sabia entanto
A nova empresa na limosa gruta
O pátrio rio; e dando um jeito à urna
Fez que as águas corressem mais serenas;
E o índio afortunado a praia oposta
Tocou sem ser sentido. Aqui se aparta
Da margem guarnecida e mansamente
Pelo silêncio vai da noite escura
Buscando a parte donde vinha o vento.
Lá, como é uso do país, roçando
Dous lenhos entre si, desperta a chama,
Que já se ateia nas ligeiras palhas,
E velozmente se propaga. Ao vento
Deixa Cacambo o resto e foge a tempo
Da perigosa luz; porém na margem

Do rio, quando a chama abrasadora
Começa a alumiar a noite escura,
Já sentido dos guardas não se assusta
E temerária e venturosamente,
Fiando a vida aos animosos braços,
De um alto precipício às negras ondas
Outra vez se lançou e foi de um salto
Ao fundo rio a visitar a areia.
Debalde gritam, e debalde às margens
Corre a gente apressada. Ele entretanto
Sacode as pernas e os nervosos braços:
Rompe as escumas assoprando, e a um tempo
Suspendido nas mãos, voltando o rosto,
Via nas águas trêmulas a imagem
Do arrebatado incêndio, e se alegrava...
Não de outra sorte o cauteloso Ulisses,
Vaidoso da ruína, que causara,
Viu abrasar de Troia os altos muros,
E a perjura cidade envolta em fumo
Encostar-se no chão e pouco a pouco
Desmaiar sobre as cinzas. Cresce entanto
O incêndio furioso, e o irado vento
Arrebata às mãos cheias vivas chamas,
Que aqui e ali pela campina espalha.
Comunica-se a um tempo ao largo campo
A chama abrasadora e em breve espaço
Cerca as barracas da confusa gente.
Armado o General, como se achava,
Saiu do pavilhão e pronto atalha,
Que não prossiga o voador incêndio.
Poucas tendas entrega ao fogo e manda,

Sem mais demora, abrir largo caminho
Que os separe das chamas. Uns já cortam
As combustíveis palhas, outros trazem
Nos prontos vasos as vizinhas ondas.
Mas não espera o bárbaro atrevido.
A todos se adianta; e desejoso
De levar a notícia ao grande Balda
Naquela mesma noite o passo estende.
Tanto se apressa que na quarta aurora
Por veredas ocultas viu de longe
A doce pátria, e os conhecidos montes,
E o templo, que tocava o céu co'as grimpas.
Mas não sabia que a fortuna entanto
Lhe preparava a última ruína.
Quanto seria mais ditoso! Quanto
Melhor lhe fora o acabar a vida
Na frente do inimigo, em campo aberto,
Ou sobre os restos de abrasadas tendas,
Obra do seu valor! Tinha Cacambo
Real esposa, a senhoril Lindoia,
De costumes suavíssimos e honestos,
Em verdes anos: com ditosos laços
Amor os tinha unido; mas apenas
Os tinha unido, quando ao som primeiro
Das trombetas lho arrebatou dos braços
A glória enganadora. Ou foi que Balda,
Engenhoso e sutil, quis desfazer-se
Da presença importuna e perigosa
Do índio generoso; e desde aquela
Saudosa manhã, que a despedida
Presenciou dos dous amantes, nunca

Consentiu que outra vez tornasse aos braços
Da formosa Lindoia e descobria
Sempre novos pretextos da demora.
Tornar não esperado e vitorioso
Foi todo o seu delito. Não consente
O cauteloso Balda que Lindoia
Chegue a falar ao seu esposo; e manda
Que uma escura prisão o esconda e aparte
Da luz do sol. Nem os reais parentes,
Nem dos amigos a piedade, e o pranto
Da enternecida esposa abranda o peito
Do obstinado juiz: até que à força
De desgostos, de mágoa e de saudade,
Por meio[2] de um licor desconhecido,
Que lhe deu compassivo o santo padre,
Jaz o ilustre Cacambo — entre os gentios
Único que na paz e em dura guerra
De virtude e valor deu claro exemplo.
Chorado ocultamente e sem as honras
De régio funeral, desconhecida
Pouca terra os honrados ossos cobre.
Se é que os seus ossos cobre alguma terra.
Cruéis ministros, encobri ao menos

---

[2] *Por meio*. Quanto a miúdo os jesuítas se sirvam de semelhante expediente nos casos mais apertados, só o pode ignorar quem nunca leu a História. A morte improvisa de Inocêncio XIII, quando estava de todo resoluto a pôr cobro nas desordens dos jesuítas, ainda não houve quem pusesse em dúvida ser obra dos mesmos. A mesma sorte teve o Cardeal Archinto. Em Roma é cousa pública que o Cardeal Passionei morreu de um *acidente jesuítico*. Este incomparável purpurado dissera algumas vezes que esperava ter o gosto de ver, antes da sua morte, a total extinção da Companhia. Os jesuítas tiveram o orgulho de fazer-lhe este epitáfio: *Dominico S. R. E. Card Passion. S. J. superstes*.

A funesta notícia. Ai que já sabe
A assustada amantíssima Lindoia
O sucesso infeliz. Quem a socorre!
Que aborrecida de viver procura
Todos os meios de encontrar a morte.
Nem quer que o esposo longamente a espere
No reino escuro, aonde se não ama.
Mas a enrugada Tanajura, que era
Prudente e exprimentada (e que a seus peitos
Tinha criado em mais ditosa idade
A mãe da mãe da mísera Lindoia),
E lia pela história do futuro,
Visionária[3], supersticiosa,
Que de abertos sepulcros recolhia
Nuas caveiras e esburgados ossos,
A uma medonha gruta, onde ardem sempre
Verdes candeias, conduziu chorando
Lindoia, a quem amava como filha;
E em ferrugento vaso licor puro
De viva fonte recolheu. Três vezes
Girou em roda, e murmurou três vezes
Co'a carcomida boca ímpias palavras,
E as águas assoprou: depois com o dedo
Lhe impõe silêncio e faz que as águas note.
Como no mar azul, quando recolhe

---

[3] *Visionária*. Os índios davam-se inteiramente a superstições e tinham não só por verossímil senão por certa quanta extravagância se pode imaginar nesta matéria: viviam na mais crassa ignorância. Não lhes era lícito saber mais do que aquilo que podia servir de utilidade à Companhia. Toda a doutrina que lhes ensinavam se reduzia a atemorizá-los com o inferno se não obedecessem em tudo e por tudo os seus *santos padres*.

A lisonjeira viração as asas,
Adormecem as ondas e retratam
Ao natural as debruçadas penhas,
O copado arvoredo e as nuvens altas:
Não de outra sorte à tímida Lindoia
Aquelas águas fielmente pintam
O rio, a praia, o vale e os montes onde
Tinha sido Lisboa[4]; e viu Lisboa
Entre despedaçados edifícios,
Com o solto cabelo descomposto,
Tropeçando em ruínas encostar-se.
Desamparada dos habitadores
A Rainha do Tejo, e solitária,
No meio de sepulcros procurava
Com seus olhos socorro; e com seus olhos
Só descobria de um e de outro lado
Pendentes muros e inclinadas torres.
Vê mais o Luso Atlante, que forceja
Por sustentar o peso desmedido
Nos roxos ombros. Mas do céu sereno
Em branca nuvem Próvida Donzela
Rapidamente desce e lhe apresenta,
De sua mão, Espírito Constante,
Gênio de Alcides, que de negros monstros
Despeja o mundo e enxuga o pranto à pátria.

---

[4] *Tinha sido Lisboa*. É notório quanto os jesuítas abusaram e pretenderam servir-se da calamidade pública para consternar os povos e reduzi-los aos seus perniciosíssimos interesses. De sorte que, a não ter a serenidade de ânimo do nosso amabilíssimo monarca, verdadeiramente imperturbável, e a constância do seu iluminadíssimo Ministério, ficava para sempre Portugal sepultado nas ruínas de Lisboa.

Tem por despojos cabeludas peles
De ensanguentados e famintos lobos
E fingidas raposas. Manda[5], e logo
O incêndio lhe obedece; e de repente
Por onde quer que ele encaminha os passos
Dão lugar[6] as ruínas. Viu Lindoia
Do meio delas, só a um seu aceno,
Sair da terra[7] feitos e acabados
Vistosos edifícios. Já mais bela
Nasce Lisboa de entre as cinzas — glória
Do grande conde, que co'a mão robusta
Lhe firmou na alta testa os vacilantes
Mal seguros castelos. Mais ao longe
Prontas no Tejo[8], e ao curvo ferro atadas
Aos olhos dão de si terrível mostra,
Ameaçando o mar, as poderosas
Soberbas naus. Por entre as cordas negras
Alvejam as bandeiras: geme atado
Na popa o vento; e alegres e vistosas
Descem das nuvens a beijar os mares
As flâmulas guerreiras. No horizonte
Já sobre o mar azul aparecia

---

[5] *Manda*. Providência sobre o terremoto.

[6] *Dão lugar*. Desentulho da cidade.

[7] *Sair da terra*. Reedificação de Lisboa devida inteiramente à grandeza de coração de S. Majestade e ao incansável espírito do ilustríssimo e excelentíssimo senhor Conde de Oeiras.

[8] *Prontas no Tejo*. A Marinha Real no florentíssimo estado em que a vemos não é a última glória deste felicíssimo reinado: glória que se deve principalmente ao zelo do ilustríssimo e excelentíssimo senhor Francisco Xavier de Mendonça Furtado.

A pintada *Serpente*[9], obra e trabalho
Do Novo Mundo, que de longe vinha
Buscar as nadadoras companheiras
E já de longe a fresca Sintra e os montes,
Que inda não conhecia, saudava.
Impacientes da fatal demora
Os lenhos mercenários junto à terra
Recebem no seu seio e a outros climas,
Longe dos doces ares de Lisboa,
Transportam[10] a Ignorância e a magra Inveja,
E envolta em negros e compridos panos
A Discórdia, o Furor. A torpe e velha
Hipocrisia vagarosamente
Atrás deles caminha; e inda duvida
Que houvesse mão que se atrevesse a tanto.
O povo a mostra com o dedo; e ela,
Com os olhos no chão, da luz do dia
Foge, e cobrir o rosto inda procura
Com os pedaços do rasgado manto.
Vai, filha da ambição, onde te levam
O vento e os mares: possam teus alunos
Andar errando sobre as águas; possa
Negar-lhe a bela Europa abrigo e porto.
Alegre deixarei a luz do dia,

---

[9] *Serpente*. Nau feita no Rio de Janeiro, governando o ilustríssimo e excelentíssimo senhor Conde de Cunha, embutida de peregrinas madeiras de diversas cores, obra muito rara e admirável no seu gênero.

[10] *Transportam*. Só a posteridade poderá justamente avaliar esta ação, que será sempre a mais brilhante entre todas as do nosso tão aplaudido Ministério. Sem se fazer este passo, jamais poderia o Reino sair da ignorância em que o tinham.

Se chegarem a ver meus olhos que Ádria[11]
Da alta injúria se lembra e do seu seio
Te lança — e que te lançam do seu seio
Gália, Ibéria[12] e o país belo que parte
O Apenino, e cinge o mar e os Alpes.
Pareceu a Lindoia que a partida
Destes monstros deixava mais serenos
E mais puros os ares. Já se mostra
Mais distinta a seus olhos a cidade.
Mas viu, ai vista lastimosa! a um lado
Ir a fidelidade portuguesa,
Manchados os puríssimos vestidos
De roxas nódoas. Mais ao longe estava
Com os olhos vendados, e escondido
Nas roupas um punhal banhado em sangue,
O Fanatismo, pela mão guiando
Um curvo[13] e branco velho ao fogo e ao laço.
Geme ofendida a Natureza; e geme
Ai! Muito tarde, a crédula cidade.
Os olhos põe no chão a Igreja[14] irada

---

[11] *Que Ádria*. Por aquele famoso interdito de Paulo V, os jesuítas, que em umas escabrosas circunstâncias queriam ter da sua parte a Cúria, saíram de Veneza, onde finalmente depois de meio século tornaram a entrar. Parece incrível que os Senhores venezianos se tenham esquecido totalmente desta ação.

[12] *Gália. Ibéria*. Quando o Autor escreveu estes versos estava bem longe de imaginar que a maior parte do que neles se contém se havia de cumprir em seus dias. Temos agora de mais a mais boas esperanças de ver cumprido brevemente o resto.

[13] *Um curvo*. Gabriel de Malagrida, diabólico mártir, que cá deixou a Companhia para última prova do seu sedicioso e fanático espírito. Os jesuítas espalharam pelos seus devotos em Roma uma estampa com esta letra: *V. P. Gabr. Malagr. in Portugall. pro fide occisus*.

[14] *A Igreja*. Foi relaxado ao braço secular, &c.

E desconhece, e desaprova, e vinga
O delito cruel e a mão bastarda.
Embebida na mágica pintura
Goza as imagens vãs e não se atreve
Lindoia a perguntar. Vê destruída
A República infame, e bem vingada
A morte de Cacambo. E atenta e imóvel
Apascentava os olhos e o desejo,
E nem tudo entendia, quando a velha
Bateu co'a mão e fez tremer as águas.
Desaparecem as fingidas torres
E os verdes campos; nem já deles resta
Leve sinal. Debalde os olhos buscam
As naus: já não são naus, nem mar, nem montes,
Nem o lugar onde estiveram. Torna
Ao pranto a saudosíssima Lindoia
E de novo outra vez suspira e geme.
Até que a noite compassiva e atenta,
Que as magoadas lástimas lhe ouvira,
Ao partir sacudiu das fuscas asas,
Envolto em frio orvalho, um leve sono,
Suave esquecimento de seus males.

Canto quarto

Salvas as tropas do noturno incêndio,
Aos povos se avizinha o grande Andrade,
Depois de afugentar os índios fortes
Que a subida dos montes defendiam,
E rotos muitas vezes e espalhados
Os tapes cavaleiros, que arremessam
Duas causas de morte em uma lança
E em largo giro todo o campo escrevem.
Que negue[1] agora a pérfida calúnia
Que se ensinava aos bárbaros gentios
A disciplina militar, e negue

---

[1] *Que negue*. Os jesuítas, que hoje negam altamente a verdade de fatos tão evidentes, faziam em outro tempo ostentação disso mesmo. Os versos seguintes são do já citado jesuíta Vanier na digressão a respeito dos índios do Paraguai, *Praedium rusticum*, liv. XIV:

.... arma, ducesque paratos
Semper habent, Martisque truces formantur in usus.
Haec operum requies, sacris jam rite peractis,
Timpanaque, & lituos festis audire diebus,
Et peditum turmas, equitumque videre sub armis.

Que mãos traidoras a distantes povos
Por ásperos desertos conduziam
O pó sulfúreo, e as sibilantes balas
E o bronze, que rugia nos seus muros.
Tu que viste e pisaste, ó Blasco[2] insigne,
Todo aquele país, tu só pudeste,
Co'a mão que dirigia o ataque horrendo
E aplanava os caminhos à vitória,
Descrever ao teu rei o sítio e as armas,
E os ódios, e o furor, e a incrível guerra.
Pisaram finalmente os altos riscos
De escalvada montanha, que os infernos
Co'o peso oprime e a testa altiva esconde
Na região que não perturba o vento.
Qual vê quem foge à terra pouco a pouco
Ir crescendo o horizonte, que se encurva,
Até que com os céus o mar confina,
Nem tem à vista mais que o ar e as ondas:
Assim quem olha do escarpado cume
Não vê mais do que o céu, que o mais lhe encobre
A tarda e fria névoa, escura e densa.
Mas quando o Sol de lá do eterno e fixo
Purpúreo encosto de dourado assento,
Co'a criadora mão desfaz e corre
O véu cinzento de ondeadas nuvens,
Que alegre cena para os olhos! Podem
Daquela altura, por espaço imenso,
Ver as longas campinas retalhadas

---

[2] *Blasco*. O Marechal D. Michel Ângelo de Blasco, engenheiro-mor do Reino.

De trêmulos ribeiros, claras fontes
E lagos cristalinos, onde molha
As leves asas o lascivo vento.
Engraçados outeiros, fundos vales
E arvoredos copados e confusos,
Verde teatro, onde se admira quanto
Produziu a supérflua Natureza.
A terra sofredora de cultura
Mostra o rasgado seio; e as várias plantas,
Dando as mãos entre si, tecem compridas
Ruas, por onde a vista saudosa
Se estende e perde. O vagaroso gado
Mal se move no campo, e se divisam
Por entre as sombras da verdura, ao longe,
As casas branquejando e os altos templos.
Ajuntavam-se os índios entretanto
No lugar mais vizinho, onde o bom padre[3]
Queria dar Lindoia por esposa
Ao seu Baldetta, e segurar-lhe o posto
E a régia autoridade de Cacambo.
Estão patentes as douradas portas
Do grande templo, e na vizinha praça
Se vão dispondo de uma e de outra banda
As vistosas esquadras diferentes.
Co'a chata frente de urucu[4] tingida,
Vinha o índio Cobé disforme e feio,
Que sustenta nas mãos pesada maça,

---

[3] *O bom padre*. Balda.
[4] *Urucu*. Rheede, Ericú mal., 2, p. 53, t. 31. Veja-se Linnaeus, *Species plantarum*, Pentandr., Monog.

Com que abate no campo os inimigos
Como abate a seara o rijo vento.
Traz consigo os salvages da montanha,
Que comem os seus mortos; nem consentem
Que jamais lhes esconda a dura terra
No seu avaro seio o frio corpo
Do doce pai, ou suspirado amigo.
Foi o segundo, que de si fez mostra,
O mancebo Pindó, que sucedera
A Sepé no lugar: inda em memória
Do não vingado irmão, que tanto amava,
Leva negros penachos na cabeça.
São vermelhas as outras penas todas,
Cor que Sepé usara sempre em guerra.
Vão com eles os seus tapes, que se afrontam
É que têm por injúria morrer velhos.
Segue-se Caitutu, de régio sangue
E de Lindoia irmão. Não muito fortes
São os que ele conduz; mas são tão destros
No exercício da frecha que arrebatam
Ao verde papagaio o curvo bico,
Voando pelo ar. Nem dos seus tiros
O peixe prateado está seguro
No fundo do ribeiro. Vinham logo
Alegres guaranis de amável gesto.
Esta foi de Cacambo a esquadra antiga.
Penas da cor do céu trazem vestidas,
Com cintas amarelas: e Baldetta
Desvanecido a bela esquadra ordena
No seu Jardim: até o meio a lança
Pintada de vermelho, e a testa e o corpo

Todo coberto de amarelas plumas.
Pendente a rica espada de Cacambo,
E pelos peitos ao través lançada
Por cima do ombro esquerdo a verde faixa
De donde ao lado oposto a aljava desce.
Num cavalo da cor da noite escura
Entrou na grande praça derradeiro
Tatu-Guaçu feroz, e vem guiando
Tropel confuso de cavaleria,
Que combate desordenadamente.
Trazem lanças nas mãos, e lhes defendem
Peles de monstros os seguros peitos.
Revia-se em Baldetta o santo padre;
E fazendo profunda reverência,
Fora da grande porta, recebia
O esperado Tedeu ativo e pronto,
A quem acompanhava[5] vagaroso
Com as chaves no cinto o Irmão Patusca,
De pesada, enormíssima barriga.
Jamais a este o som da dura guerra
Tinha tirado as horas do descanso.
De indulgente moral e brando peito,
Que penetrado da fraqueza humana
Sofre em paz as delícias desta vida,
Tais e quais no-las dão. Gosta das cousas
Porque gosta, e contenta-se do efeito
E nem sabe nem quer saber as causas.
Ainda que talvez, em falta de outro,

---

[5] *A quem acompanhava*. Este retrato é tirado ao natural de um leigo da Companhia, que o Autor conheceu.

Com grosseiras ações o povo exorte,
Gritando sempre, e sempre repetindo,
Que do bom Pai Adão a triste raça
Por degraus degenera, e que este mundo
Piorando envelhece. Não faltava,
Para se dar princípio à estranha festa,
Mais que Lindoia. Há muito lhe preparam
Todas de brancas penas revestidas
Festões de flores as gentis donzelas.
Cansados de esperar, ao seu retiro
Vão muitos impacientes a buscá-la.
Estes de crespa Tanajura aprendem
Que entrara no jardim[6] triste e chorosa,
Sem consentir que alguém a acompanhasse.
Um frio susto corre pelas veias
De Caitutu, que deixa os seus no campo;
E a irmã por entre as sombras do arvoredo
Busca co'a vista, e teme de encontrá-la.
Entram enfim na mais remota e interna
Parte de antigo bosque, escuro e negro,
Onde ao pé de uma lapa cavernosa
Cobre uma rouca fonte, que murmura,
Curva latada de jasmins e rosas.
Este lugar delicioso e triste,
Cansada de viver, tinha escolhido
Para morrer a mísera Lindoia.
Lá reclinada, como que dormia,

[6] *No jardim*. Os índios viviam na maior miséria e apenas tinham as cousas necessárias absolutamente para a vida. Os padres porém viviam todos na abundância e tinham jardins deliciosos, onde recolhiam os espíritos cansados de trabalhar na vinha do Senhor.

Na branda relva e nas mimosas flores,
Tinha a face na mão, e a mão no tronco
De um fúnebre cipreste, que espalhava
Melancólica sombra. Mais de perto
Descobrem que se enrola no seu corpo
Verde serpente, e lhe passeia, e cinge
Pescoço e braços, e lhe lambe o seio.
Fogem de a ver assim, sobressaltados,
E param cheios de temor ao longe;
E nem se atrevem a chamá-la, e temem
Que desperte assustada, e irrite o monstro,
E fuja, e apresse no fugir a morte.
Porém o destro Caitutu, que treme
Do perigo da irmã, sem mais demora
Dobrou as pontas do arco, e quis três vezes
Soltar o tiro, e vacilou três vezes
Entre a ira e o temor. Enfim sacode
O arco e faz voar a aguda seta,
Que toca o peito de Lindoia, e fere
A serpente na testa, e a boca e os dentes
Deixou cravados no vizinho tronco.
Açouta o campo co'a ligeira cauda
O irado monstro, e em tortuosos giros
Se enrosca no cipreste, e verte envolto
Em negro sangue o lívido veneno.
Leva nos braços a infeliz Lindoia
O desgraçado irmão, que ao despertá-la
Conhece, com que dor! no frio rosto
Os sinais do veneno, e vê ferido
Pelo dente sutil o brando peito.
Os olhos, em que Amor reinava, um dia,

Cheios de morte; e muda aquela língua
Que ao surdo vento e aos ecos tantas vezes
Contou a larga história de seus males.
Nos olhos Caitutu não sofre o pranto,
E rompe em profundíssimos suspiros,
Lendo na testa da fronteira gruta
De sua mão já trêmula gravado
O alheio crime e a voluntária morte.
E por todas as partes repetido
O suspirado nome de Cacambo.
Inda conserva o pálido semblante
Um não sei quê de magoado e triste,
Que os corações mais duros enternece
Tanto era bela no seu rosto a morte!
Indiferente admira o caso acerbo
Da estranha novidade ali trazido
O duro Balda; e os índios, que se achavam,
Corre co'a vista e os ânimos observa.
Quando pode o temor! Secou-se a um tempo
Em mais de um rosto o pranto; e em mais de um peito
Morreram sufocados os suspiros.
Ficou desamparada na espessura,
E exposta às feras e às famintas aves,
Sem que alguém se atrevesse a honrar seu corpo
De poucas flores e piedosa terra.
Fastosa egípcia[7], que o maior triunfo
Temeste honrar do vencedor Latino,
Se desceste inda livre ao escuro reino
Foi vaidosa talvez da imaginada

[7] *Fastosa egípcia*. Cleópatra.

Bárbara pompa do real sepulcro.
Amável indiana, eu te prometo
Que em breve a iníqua pátria envolta em chamas
Te sirva de urna, e que misture e leve
A tua e a sua cinza o irado vento.
Confusamente murmurava entanto
Do caso atroz a lastimada gente.
Dizem que Tanajura lhes pintara
Suave aquele gênero de morte,
E talvez lhe mostrasse o sítio e os meios.
Balda, que há muito espera o tempo e o modo
De alta vingança, e encobre a dor no peito,
Excita os povos a exemplar castigo
Na desgraçada velha. Alegre em roda
Se ajunta a petulante mocidade
Co'as armas que o acaso lhe oferece.
Mas neste tempo um índio pelas ruas
Com gesto espavorido vem gritando,
Soltos e arrepiados os cabelos:
Fugi, fugi da mal segura terra,
Que estão já sobre nós os inimigos.
Eu mesmo os vi, que descem do alto monte,
E vêm cobrindo os campos; e se ainda
Vivo chego a trazer-vos a notícia,
Aos meus ligeiros pés a vida eu devo.
Debalde nos expomos neste sítio,
Diz o ativo Tedeu: melhor conselho
É ajuntar as tropas no outro povo:
Perca-se o mais, salvemos a cabeça.
Embora seja assim: faça-se em tudo
A vontade do céu; mas entretanto

Vejam os contumazes inimigos
Que não têm que esperar de nós despojos,
Falte-lhe a melhor parte ao seu triunfo.
Assim discorre Balda; e entanto ordena
Que todas as esquadras se retirem,
Dando as casas primeiro ao fogo, e o templo.
Parte, deixando atada a triste velha
Dentro de uma choupana, e vingativo
Quis que por ela começasse o incêndio.
Ouviam-se de longe os altos gritos
Da miserável Tanajura. Aos ares
Vão globos espessíssimos de fumo,
Que deixa ensanguentada a luz do dia.
Com as grossas camáldulas à porta,
Devoto e penitente os esperava
O Irmão Patusca, que ao rumor primeiro
Tinha sido o mais pronto a pôr-se em salvo
E a desertar da perigosa terra.
Por mais que o nosso General se apresse,
Não acha mais que as cinzas inda quentes
E um deserto onde há pouco era a cidade.
Tinham ardido as míseras choupanas
Dos pobres índios, e no chão caídos
Fumegavam os nobres edifícios,
Deliciosa habitação dos padres.
Entram[8] no grande templo e veem por terra
As imagens sagradas. O áureo trono,

[8] *Entram*. Os nossos ainda conseguiram salvar o Templo, do qual se remeteu a planta e o prospecto a S. Majestade. Os padres tinham mandado despedaçar as imagens e reduzir a pequenas partes o sacrário.

O trono em que se adora um Deus imenso
Que o sofre, e não castiga os temerários,
Em pedaços no chão. Voltava os olhos
Turbado o General: aquela vista
Lhe encheu o peito de ira, e os olhos de água.
Em roda os seus fortíssimos guerreiros
Admiram[9], espalhados, a grandeza
Do rico templo e os desmedidos arcos,
As bases das firmíssimas colunas
E os vultos animados, que respiram
Na abóbeda o artífice famoso
Pintara... mas que intento! as roucas vozes
Seguir não podem do pincel os rasgos.
Gênio da inculta América, que inspiras
A meu peito o furor que me transporta,
Tu me levanta nas seguras asas.
Serás em paga ouvido no meu canto.
E te prometo que pendente um dia
Adorne a minha lira os teus altares.

---

[9] Admiram. O General não se podia persuadir que os riquíssimos ornamentos tivessem sido bordados naquele país, até que se lhe mostrou um, que foi achado junto à sacristia ainda imperfeito no tear.

Canto quinto

Na vasta[1] e curva abóbeda pintara
A destra mão de artífice famoso,
Em breve espaço, e Vilas, e Cidades,
E Províncias e Reinos. No alto sólio
Estava dando leis ao mundo inteiro
A Companhia. Os Cetros, e as Coroas,
E as Tiaras, e as Púrpuras em torno
Semeadas no chão. Tinha de um lado
Dádivas corruptoras: do outro lado
Sobre os brancos altares suspendidos
Agudos ferros, que gotejam sangue.
Por esta mão ao pé dos altos muros
Um dos Henriques[2] perde a vida e o reino.

---

[1] *Na vasta*. As façanhas dos jesuítas não estavam sepultadas só no Uraguai. Quem se admirar da pintura deste Templo considere atentamente a que eles têm na igreja do seu Colégio Romano e na Casa Professa, que com estar cobertas da máscara da religião não deixam de ser ainda mais soberbas e insultantes.

[2] *Um dos Henriques*. Henrique III assassinado por Fr. Jacques Clemente. Quem há que ignore quanta parte tiveram nisto os jesuítas? É público o processo do Padre Guignard e quanto a Companhia defende ainda hoje este seu digno filho. Vejam-se os seus autores, e por todos o Jovency.

E cai por esta mão, oh céus! debalde
Rodeado dos seus o outro Henrique[3],
Delícia do seu povo e dos humanos.
Príncipes, o seu sangue é vossa ofensa.
Novos crimes[4] prepara o horrendo monstro.
Armai o braço vingador: descreva
Seus tortos sucos o luzente arado
Sobre o seu trono[5]; nem aos tardos netos
O lugar, em que foi, mostrar-se possa.
Viam-se ao longe errantes e espalhados
Pelo mundo os seus filhos ir lançando
Os fundamentos do esperado Império
De dous em dous[6]: ou sobre os coroados
Montes do Tejo; ou nas remotas praias,
Que habitam as pintadas Amazonas,

---

[3] *O outro Henrique*. Na morte de Henrique IV soube-se esconder melhor a mão jesuítica; mas não se soube esconder nas duas ocasiões antecedentes, em que se tinha intentado o mesmo parricídio. O Padre Varade, Superior da Companhia de Paris, foi quem desencaminhou ao miserável Barrière: levou--o ao seu cubículo, deitou-lhe a sua benção, confessou-o, deu-lhe depois a comunhão, &c. Os jesuítas no Colégio de Clermont, e na sua Igreja de Santo Antônio, por meio de práticas, conferências, meditações e exercícios espirituais corromperam o espírito de Chatel.

[4] *Novos crimes*. Tragam-se à memória a tarde de 5 de janeiro e a noite de 3 de setembro tão funestas para França e Portugal, e que podiam cobrir de luto estas duas monarquias.

[5] *O seu trono*. O trono da companhia está em Roma. Lá é o centro do seu poder. Ali recebe o seu Geral os avisos do que se passa em todas as partes do mundo: e dali com o seu despotismo envia as suas ordens ao fim da terra. Exterminá-la das outras províncias é fazer-lhe guerra pela rama: é necessário cortar-lhe a raiz. Ora os tesouros das duas Índias ajudavam muito a sustentar o crédito dos jesuítas em Roma. Afortunadamente as presentes disposições todas anunciam a próxima total extinção daquele Corpo.

[6] *De dous em dous*. Os jesuítas em Portugal eram chamados os Apóstolos: e escrupulosamente observavam a exterioridade do *misit illos binos*.

Por onde o rei das águas[7] escumando
Foge da estreita terra e insulta os mares.
Ou no Ganges sagrado; ou nas escuras
Nunca de humanos pés trilhadas serras
Aonde o Nilo tem[8], se é que tem, fonte.
Com um gesto inocente aos pés do trono
Via-se a Liberdade Americana
Que arrastando enormíssimas cadeias
Suspira, e os olhos e a inclinada testa
Nem levanta[9], de humilde e de medrosa.
Tem diante riquíssimo tributo,
Brilhante pedraria, e prata, e ouro,
Funesto preço por que compra os ferros.
Ao longe o mar azul e as brancas velas[10]

---

[7] *Rei das águas*. O rio das Amazonas por uma boca de oitenta léguas sai encanado com tal força que lança por muitas léguas ao mar água doce.

[8] *Aonde o Nilo tem*. Os jesuítas até se jactam nas suas histórias de ter descoberto a origem do Nilo.

[9] *Nem levanta*. Não há palavras que expliquem bastantemente a sujeição em que viviam aqueles índios. Vejam-se os fragmentos das cartas do Conde de Bobadela citadas na *República*, &c.

[10] *As brancas velas*. Os jesuítas do Brasil tinham uma fragata magnífica em que o Provincial saía todos os anos a título de visitar a Província: porém, na realidade, era a que fazia a maior parte do comércio que aqueles portos têm entre si. Enquanto a fragata recebia carga estavam ociosas todas as outras embarcações: sendo os fretes daqueles mais caros, a título de ir a fazenda mais segura. Ora, os jesuítas nas alfândegas nunca pagaram direitos. O seu lucro era imenso. Para se conseguir melhor este fim, espalharam pelo povo uma profecia do seu Padre Anchieta, que aquela fragata nunca se perderia. Encalharam-na finalmente e fizeram outra, que custou cinquenta mil cruzados. E sendo-lhes necessário perpetuar aquela santa impostura, mandaram pregar na nova algumas tábuas da velha: e persuadiram àqueles bons negociantes que bastava aquela parte para comunicar a virtude ao todo. O autor viu muitas vezes esta fragata, e entrou nela. Trazia flâmula e bandeira com a insígnia da Companhia, e tinha de mais a mais excelente artilharia. Ao entrar e sair dos portos recebia todas as honras que se fazem às naus do Rei.

Com estranhas divisas nas bandeiras
Denotam que aspirava ao senhorio,
E da navegação e do comércio.
Outro tempo, outro clima, outros costumes.
Mais além[11] tão diversa de si mesma,
Vestida em larga roupa flutuante
Que distinguem barbáricos lavores,
Respira no ar chinês o mole fasto
De asiática pompa; e grave e lenta
Permite[12] aos bonzos[13], apesar de Roma[14],
Do seu Legislador[15] o indigno culto.
Aqui entrando no Japão fomenta
Domésticas discórdias. Lá passeia
No meio dos estragos, ostentando
Orvalhadas de sangue as negras roupas.
Cá desterrada enfim dos ricos portos,

---

[11] *Mais além*. Os jesuítas da China no ano de 1645 aproveitaram-se da divisão daquele grande império, entre os dous pretendentes, para o entregarem ao cã dos tártaros. Foram em prêmio elevados à dignidade de mandarins e ornados com os ricos vestidos e colares que se podem ver na estampa que nos deixou o Padre Bonani no *Catálogo dos Religiosos*, &c.

[12] *Permite*. E de mais a mais o servirem-se, para nomear o verdadeiro Deus, das vozes *Tien*, "céu", e *Xamti*, "supremo imperador"; e fazerem certas oblações aos seus defuntos.

[13] *Bonzos*. Sacerdotes da China.

[14] *Apesar de Roma*. E bem apesar dela, que enfim cansou de lutar por mais de um século com a animosidade dos jesuítas. O fruto que se tirou dos decretos das Sagradas Congregações publicados em 1645 foi o que tirou Monsignor Maigrot em 1693, o Cardeal de Tournon em 1704, Clemente XI em 1710, Benedito XIII em 1727, Clemente XII em 1734, Benedito XIV em 1742. Com tudo isto ainda hoje não cessam de repetir que são a guarda pretoriana do Papa; e o mais é que falam verdade:

En ses Pretoriens Rome eut autant des traitres,
Ils marchandaient l' Empire, et lui donnaient des maitres.
Le Philosophe de Sans-souci l' Epitre a Darget.

[15] *Legislador*. Confúcio.

Voltando a vista às terras que perdera[16],
Quer pisar[17] temerária e criminosa...
Oh céus! Que negro horror! Tinha ficado
Imperfeita a pintura, e envolta em sombras.
Tremeu a mão do artífice ao fingi-la,
E desmaiaram no pincel as cores.
Da parte oposta, nas soberbas praias
Da rica Londres trágica e funesta,
Ensanguentado o Tâmega esmorece.
Vendo a conjuração[18] pérfida e negra
Que se prepara ao crime; e intenta e espera
Erguer aos céus nos inflamados ombros
E espalhar pelas nuvens denegridos
Todos os grandes e a famosa sala.
Por entre os troncos de umas plantas negras,
Por obra sua, viam-se arrastados
Às ardentes areias africanas
O valor e alta glória portuguesa.
Ai mal aconselhado quanto forte,
Generoso Mancebo! eternos lutos
Preparas à chorosa Lusitânia.
Desejado dos teus, a incertos climas

---

[16] *Que perdera.*
Qualia forte dolent dites Orientis ad oras
..................*erepta*................*sibi regna*..............
Vanier, supr.

[17] *Quer pisar*. Os jesuítas com as suas restrições mentais não duvidaram ao princípio calcar o crucifixo, por não perderem aquele riquíssimo comércio. Quem quiser fazer conceito da extensão deste, e de outras curiosidades nesta matéria, leia as viagens de Mr. Duquesne mandado por Luís XIV às Índias Orientais, tomo 3, p. 81.

[18] *A conjuração*. Os Padres Garnet e Oldecorne, réus convictos e confessos da conjuração da pólvora.

Vás mendigar a morte e a sepultura.
Já satisfeitos do fatal desígnio,
Por mão de um dos Felipes afogavam
Nos abismos do mar[19] e emudeciam
Queixosas línguas e sagradas bocas
Em que ainda se ouvia a voz da pátria.
Crescia o seu poder e se firmava
Entre surdas vinganças. Ao mar largo
Lança do profanado oculto seio
O irado Tejo os frios nadadores.
E deixa o barco e foge para a praia
O pescador que atônito recolhe
Na longa rede o pálido cadáver
Privado de sepulcro. Enquanto os nossos
Apascentam a vista na pintura,
Nova empresa e outro gênero de guerra
Em si resolve o General famoso.
Apenas esperou que ao sol brilhante
Desse as costas de todo a opaca terra,
Precipitou a marcha e no outro povo
Foi sorprender os índios. O Cruzeiro,
Constelação dos europeus não vista,
As horas declinando lhe assinala.
A corada manhã serena e pura
Começava a bordar nos horizontes
O céu de brancas nuvens povoado
Quando, abertas as portas, se descobrem

---

[19] *Nos abismos do mar*. Veja-se a *Dedução Cronológica*. Obra que servirá de época à restauração das Letras em Portugal; monumento de zelo e de fidelidade.

Em trajes de caminho ambos os padres,
Que mansamente do lugar fugiam,
Desamparando os miseráveis índios
Depois de expostos ao furor das armas.
Lobo voraz que vai na sombra escura
Meditando traições ao manso gado,
Perseguido dos cães, e descoberto
Não arde em tanta cólera, como ardem
Balda e Tedeu. A soldadesca alegre
Cerca em roda o fleumático Patusca,
Que próvido de longe os acompanha
E mal se move no jumento tardo.
Pendem-se dos arções de um lado e de outro
Os paios saborosos e os vermelhos
Presuntos europeus; e a tiracolo,
Inseparável companheira antiga
De seus caminhos, a borracha pende.
Entra no povo e ao templo se encaminha
O invicto Andrade; e generoso, entanto,
Reprime a militar licença, e a todos
Co'a grande sombra ampara: alegre e brando
No meio da vitória. Em roda o cercam
(Nem se enganaram) procurando abrigo
Chorosas mães, e filhos inocentes,
E curvos pais e tímidas donzelas.
Sossegado o tumulto e conhecidas
As vis astúcias de Tedeu e Balda,
Cai a infame República por terra.
Aos pés do General as toscas armas
Já tem deposto o rude Americano,
Que reconhece as ordens e se humilha,

E a imagem do seu rei prostrado adora.
Serás lido, Uraguai. Cubra os meus olhos
Embora um dia a escura noite eterna.
Tu vive e goza a luz serena e pura.
Vai aos bosques de Arcádia: e não receies
Chegar desconhecido àquela areia.
Ali de fresco entre as sombrias murtas
Urna triste a Mireo não todo encerra.
Leva de estranho céu, sobre ela espalha
Co'a peregrina mão bárbaras flores.
E busca o sucessor, que te encaminhe
Ao teu lugar, que há muito que te espera.

Ao autor*

Soneto

Parece-me que vejo a grossa enchente,
E a vila errante, que nas águas boia:
Detesto os crimes da infernal tramoia;
Choro a Cacambo e a Sepé valente.

Não é presságio vão: lerá a gente
A guerra do Uraguai, como a de Troia;
E o lagrimoso caso de Lindoia
Fará sentir o peito que não sente.

Ao longe, a Inveja um país ermo e bronco
Infecte com seu hálito perverso,
Que a ti só chega o mal distinto ronco.

* Estes dois sonetos acompanham a edição *princeps* de *O Uraguai*.

Ah! consente que o meu junto ao teu verso,
Qual fraca vide que se arrima a um tronco,
Também vá discorrer pelo Universo.

JOAQUIM INÁCIO DE SEIXAS BRANDÃO
Doutor em Medicina pela Universidade de Montpellier

Soneto

Entro pelo Uraguai: vejo a cultura
Das novas terras por engenho claro;
Mas chego ao Templo magnífico e paro
Embebido nos rasgos da pintura.

Vejo erguer-se a República perjura
Sobre alicerces de um domínio avaro:
Vejo distintamente, se reparo,
De Caco usurpador a cova escura.

Famoso Alcides, ao teu braço forte
Toca vingar os cetros e os altares:
Arranca a espada, descarrega o corte.

E tu, Termindo, leva pelos ares
A grande ação já que te coube em sorte
A gloriosa parte de a cantares.

Inácio José de Alvarenga Peixoto
Graduado na Faculdade de Leis pela Universidade de Coimbra

A DECLAMAÇÃO TRÁGICA

Poema dedicado às Belas-Artes

..theatris
fundamenta locanta, scenis decora alta futuris.
VIRG., *Eneid*. I.

Tu, que os costumes nossos melhor que ninguém pintas,
Ensina-me o segredo, com que dás alma às tintas.
Empresta-me as imagens, a quem dão vida as cores,
Quadros, que a tua mão quis semear de flores.
Tu nos deixaste as leis dos números diversos,
Despréaux, eu canto a Arte de recitar os versos.
A Dama, que em teus muros, magnífica Lisboa,
Espera ornar a frente co'a trágica coroa,
Se quer que em seus louvores o povo se desvele,
Estude o que é Teatro antes de dar-se a ele.
Aprenda a magoar os insensíveis peitos,
E saiba da sua arte as regras, e os preceitos.
Deve pensar, sentir; ou a balança justa
Do povo há de ensinar-lho um dia à sua custa.
A Corte lhe promete conquistas de mil almas,
E para a nobre testa pronta lhe oferece as palmas.
Do público o bom gosto segura-lhe a vitória,
E abre-lhe um caminho mais fácil para a glória.
Lê nos turbados olhos do seu triunfo efeitos.

Tem no teatro um trono, reina nos nossos peitos.
Vós, que buscais a glória, não procureis atalhos:
O plácido descanso é filho de trabalhos.
Pisai o ócio vil, que flores tem por leito:
Exercitai a voz, e cultivai o peito.
Lede no coração, sondai a Natureza.
Sabei as doces frases da língua Portuguesa.
Luzir não pode a Dama, que a sua língua ignora,
Apesar dos tesoiros, que espalha quem a adora.
O povo, assim que a vê, começa a assobiar:
Para falar em verso convém saber falar.
Julgai a sangue frio, e examinai por gosto
Que paixões, que caráter exprime o vosso rosto.
Nele hão de respirar as iras, o furor,
E por seu turno a raiva, o ódio, a ambição, o amor.
Talvez a enternecer-nos vosso desejo aspira?
Fazei com esses olhos que eu na infeliz Zaíra
Veja a cruel batalha de um peito generoso,
Que perde as esperanças de vir a ser ditoso:
Quando banhando as mãos do Pai, a quem adora,
Prefere ao seu Amante um Deus, que ainda ignora.
Nos papéis furiosos quereis levar a palma?
Pinte o terror dos olhos toda a desordem d'alma.
Seja funesta a voz, horrendo, e incerto o passo.
De vosso rosto o povo leia no breve espaço
Projetos horrorosos, que forma um'alma impia;
E, apenas vós saís, em vós veja Atalia,
Que sobre si já sente a mão que chove os raios.
Cercada de remorsos, entre cruéis desmaios,
Uni, se é que quereis arrebatar-nos logo,
A um medonho aspecto um coração de fogo.

O público embebido c'oa trágica grandeza
Olha pra o vosso estado, não olha pra beleza.
Estátuas, sobretudo, Melpômene aborrece,
Em cujos frios rostos paixão não aparece.
Cheias de afetação, seus insensíveis peitos
Com arte dão suspiros, chorando fazem jeitos.
A Dama presumida estuda o dia inteiro
Um brando mover de olhos, ao vidro lisonjeiro.
Vai, um por um, dispondo por simetria os passos,
E aplaude ao movimento dos vagarosos braços.
Do vidro, que te engana, não sigas o conselho.
Busca, que dentro d'alma tens o melhor espelho.
Defronte dos cristais, que adulam a vaidade,
Não, a razão não julga: quem julga é a vontade.
Porque feições alheias, por obra do artifício,
Vos formam da beleza o mágico edifício,
Co'a roupa flutuante azul, e cor-de-rosa,
Cuidais que fingis Vênus, ou Palas majestosa?
Não vedes que a soberba vos alucina, e cega?
Voss'alma porventura toda jamais se entrega?
Os vossos olhos mortos nunca disseram nada?
Moveis-me ao pranto, ainda de lágrimas banhada?
Mas vós continuais com um doce sorriso!
Assim, assim na fonte se contemplou Narciso.
Dentro do vosso peito é que podeis achar
A arte de enternecer, e o modo de agradar.
Depois de um longo estudo de um dia, e outro dia,
Saí: o vosso gênio vos servirá de guia.
Já o Casquilho louco, que é de si mesmo amante,
Chega, desaparece, torna no mesmo instante,
Inficionando o ar c'o almíscar que em si deita.

O sério Magistrado se entesa, e se endireita.
O grosso Negociante, que o ler tem por desdoiro,
Todos os seus desejos comprando a peso de oiro,
Pende de vossa boca no curvo anfiteatro.
Fica a plateia atenta c'os olhos no teatro.
Por vós é que se espera: está tudo em segredo:
Olhai pra multidão sem enfiar de medo.
Mas nunca os vossos olhos doces, e encantadores
Pareça que mendigam do público os louvores.
Desdenha esse artifício o público arrogante.
Zomba da namorada, honra a representante.
Entrando, o vosso andar simples, e majestoso
Ofreça aos nossos olhos um ar imperioso.
Conforme a agitação seja também diverso:
Rápido, ou vagaroso, como o pedir o verso.
Que sem afetação, na encantadora sala,
Imitem as ações tudo o que a língua fala.
Cuidai em reprimir-lhe o excesso tão somente.
Que sirvam as paixões de intérprete eloquente.
Não posso ver as mãos, que de seu sítio saem,
Erguem-se por engonços, e por engonços caem.
Por isso as cenas mudas querem estudo à parte.
Nelas é que consiste todo o triunfo d'arte.
Então é que o talento chega à maior altura.
A glória das ações é toda da figura.
As vossas narrações mostrem o interno fogo:
O público impaciente quer tudo saber logo.
Perca-se embora o verso, mas vagaroso, e lento
Da tímida plateia não canse o sofrimento.
Quem quer que um doce engano cause o maior deleite,
Ao severo costume convém que se sujeite.

Rio-me da figura, que indigna do seu posto
Sacode o jugo, e traja como lhe pede o gosto;
E que é tão atrevida, que por empresa toma
Varrer com um donaire o pó da antiga Roma.
Fora de seu lugar não afeteis riqueza:
Olhai para o papel, segui a Natureza.
Representais Electra nos criminosos lares?
Lembrai-vos que é cativa, que vive entre pesares.
Não brilhe a sua testa, não resplandeça o manto,
Não sofre alegres cores rosto, que ofusca o pranto.
O povo, que vos julga, e que examina os erros,
Não quer de vós rubins, quer tão somente ferros.
Abri a antiga História, ali vereis dispersas
Pelos diversos climas trinta nações diversas.
Examinai-lhe os gostos, a inclinação, os Numes,
Quais eram seus vestidos, as artes, os costumes.
A Fábula engenhosa, que úteis enganos tece,
Todos os seus tesouros liberalmente ofrece.
Ali é que a Verdade, que ornatos vãos reprova,
Sendo no fundo a mesma, sempre parece nova.
Aqui encontrais Dido, que à pena não resiste:
Seu rosto descorado cobre uma nuvem triste.
Forceja o roto peito lutando com a morte:
Levanta-se três vezes, e cai da mesma sorte.
Seus olhos, que expirando guardam de Amor a chama,
Parece que inda pedem aos Céus o Herói que el'ama.
Chora de dor, e de ira: só com suspiros fala.
Procura a luz do dia: geme depois de achá-la.
Niobe mais além, mulher soberba, e ousada,
A Mãe mais atrevida, e a Mãe mais desgraçada.
Os filhos uns sobre outros, os filhos seus amados,

Que vista dolorosa! de setas trespassados.
À força de sentir parece que não sente.
O rosto descaído, olhando fixamente,
Muda ficou. As mágoas nela puderam tanto,
Que se secou nos olhos a fonte do seu pranto.
Àquele seu silêncio nenhuma voz iguala.
A voz da natureza no seu silêncio fala.
Quereis que uma Rainha, que tem consigo guerra,
Que traz no rosto os crimes, que vê rasgar-se a terra,
Que a roupa, e todo chão vê de seu sangue asperso,
No último suspiro dê a pancada ao verso?
Quereis que uma Donzela, que creu em fé perjura,
Aflita, abandonada no horror da noite escura,
Gritando se resolva ao temerário efeito,
E que se lembre da arte quando trespassa o peito?
Rainha, que o teatro por breve tempo adora,
Esse orgulhoso fasto não conserveis cá fora.
Deixai na cena o cetro, a raça ilustre, e nobre,
E a pompa, que a meus olhos vos rouba, e vos encobre.
Tirou dentre ruínas Ferreira a Apolo aceito
A pálida Tragédia com um punhal no peito.
Os velhos seus altares junto do Tejo erguidos
Cobriu areia, e erva. Ainda mal cingidos
(Séculos infelices, e tanto enfim pudestes!)
Murcharam sobre a frente os fúnebres ciprestes.
Apareceu C*** à voz, que move, e encanta,
O corpo sobre o braço Melpômene levanta.
A ignorância, a inveja chorem de dor, e de ira.
É ela, eu ouço, eu vejo a tímida Palmira,
Que aos pés do velho Pai, inda constante, e forte,
De um crime involuntário pede em castigo a morte.

Ah! quando, ao ver o Irmão nos últimos desmaios,
Lança do peito fogo, lança dos olhos raios,
Ó alma grande, e rara, eu mesmo, eu mesmo o vi,
O Gênio de Voltaire erra ao redor de ti.
Mas eu dou-vos lições inúteis, e infiéis,
E a minha Musa irada arroja os seus pincéis,
Se eles vos não infundem soberba que se estima,
Soberba criadora, fogo que nos anima.
Não, não temais a afronta do público insolente.
Abriu, abriu os olhos a Lusitana gente.
Se já vos chamou vis, cora de tê-lo feito.
Não, não despreza as artes, que adora no seu peito.
Eu sei que um Sábio ilustre, a quem venera a Fama,
Um, que aborrece o mundo, e o mundo todo o ama,
Do seu retiro, adonde mora a verdade nua,
Troveja sobre vós com a eloquência sua:
E no seu ócio triste cercado de desgostos
Quis corromper com fel todos os nossos gostos.
Eu tremo, e a minha Musa, por mais que se desvele,
Respeita este Demóstenes inda queixosa dele.
Mas contra as suas iras vos devo consolar.
Um Sábio enfim é homem, podia-se enganar.
Se ele de todo o mundo forma uma imagem feia,
Nós por que não faremos uma formosa ideia?
Dos crédulos humanos, Censores rigorosos,
Para que é ter invejado que nos faz ditosos?
Deixai-nos esta ao menos fantástica beleza:
Um engenhoso engano adorna a Natureza.
Roubar-nos dos talentos os dons encantadores
É despojar a terra de frutos, e de flores.
Sabei pois rechaçar seus frívolos intentos:

Lá vão os seus queixumes levados pelos ventos.
Ele, assim mesmo austero, bem pode ser vencido.
Fazei-vos estimar, e tendes respondido.
Lá numa região a nós desconhecida,
Sobre uma nuvem alta de púrpura vestida,
Levanta aos Céus um templo a soberba fachada.
Com temerosa mão proíbe o gênio a entrada
A críticos pedantes, estúpidos autores,
Que em vão forçar pertendem do século os louvores.
Mostra-se ali sem véu a cândida Verdade.
Neste palácio habita a Imortalidade.
A Preocupação, a quem o vulgo incensa,
Sem máscara bramindo foge da sua presença.
As palmas, que das artes são prêmios verdadeiros,
Se enlaçam orgulhosas co'as palmas dos guerreiros.
Neste lugar Virgílio passeia igual a Augusto,
Homero, ao pé de Aquiles não sente horror, nem susto.
Mistura a terna Safo ornada de mil flores
As murtas amorosas aos loiros vencedores.
Ovídio ali parece que a Júlia a amar ensine.
Chapemélé inda chora nos braços de Racine.
A irada de Couvreur desgrenha a trança bela.
Para Corneille atento, e fixa os olhos nela.
Vós outras, a quem cinge Melpômene de flores,
Tendes assento ao pé dos imortais autores.
Da horrível Dumesnil o tempo não consome,
Junto ao de Crébillon, com sangue escrito o nome.
Clairon, a quem nenhuma se pode comparar,
Pôs junto de Voltaire a Glória o seu lugar.
Preparam lá triunfos para C... bela.
Assim não se resolva a recebê-los ela.

Que mágoas causaria o caso seu fatal!
Perdiam muito os homens, se a vissem imortal.

DADOS BIOGRÁFICOS

Basílio da Gama: um árcade luso-italiano-brasileiro

FABIO MARIO DA SILVA

No Brasil Colônia do século XVIII, a região nordeste, que era até então o eixo político e econômico do país, passou por um declínio, em decorrência da decadência da produção açucareira e do desenvolvimento da mineração em Minas Gerais. O Rio de Janeiro[1] e, principalmente, Vila Rica (atual Ouro Preto, MG) tornaram--se os novos eixos do desenvolvimento nacional. E não apenas: acresceu a esse fator a intensa atividade literária que se desenvolvia em Minas, culminando no denominado Arcadismo, um movimento literário advindo da Europa.

O Arcadismo brasileiro iniciou-se com a publicação de *Obras poéticas* (1768), de Cláudio Manoel da Costa, e encerrou-se em 1836 com a publicação da obra romântica *Suspiros poéticos e saudades*, de Gonçalves de Magalhães, tendo como principais representantes Tomás Antônio Gonzaga, Cláudio Manoel da Costa, Alvarenga Peixoto, Silva Alvarenga, Frei Santa Rita Durão e Basílio da Gama.

José Basílio da Gama (Minas Gerais, 1740; Lisboa, 1795) foi um dos membros mais destacados do grupo árcade brasileiro, principalmente por causa da obra *O Uraguai*. Órfão de pai, ainda na infância, graças a um preceptor, teve sua formação inicial no Colégio dos Jesuítas,

[1] A capital do vice-reinado transferiu-se da Bahia para o Rio de Janeiro em 1763.

no Rio de Janeiro; porém, quando os jesuítas foram expulsos do país, pelo marquês de Pombal, optou por se desligar da Companhia e passou a estudar no Seminário Episcopal de São José. Em seguida, foi a Portugal para terminar seus estudos na Universidade de Coimbra, transferindo-se para Lisboa, suspeito de ligações com os jesuítas, e depois indo para Roma (1762-1764), onde estabeleceu contatos com escritores, passando a pertencer à Arcádia Romana, sob o criptônimo de Termindo Sipílio.

Voltou ao Brasil, com uma breve passagem pelo Rio de Janeiro, retornando a Lisboa, onde foi condenado a degredo em Angola, acusado de "jesuitismo", mas conseguiu escapar depois de escrever versos a D. Maria Amália, filha do marquês de Pombal, por ocasião do casamento dela. Ao que tudo indica, o poeta passou de "perigoso" para o Estado português, a "protegido" pelo marquês de Pombal: publica *O Uraguai* (1769), ganha a carta de fidalguia (1771) e assume o cargo de oficial da Secretaria do Reino (1774). Vale lembrar que mesmo após a queda do mecenas (1777), decorrente da morte de D. José I, o escritor conseguiu atrair e conquistar a atenção de D. Maria I e manteve o mesmo prestígio, chegando a eleger-se para a Academia Real das Ciências. Porém, essa aceitação por parte da rainha não o livrou de algumas críticas: "A publicação de *O Uruguai* fez crescer a popularidade de Basílio da Gama no meio literário da época e deu azo a inúmeras manifestações receptivas. Com a queda do Marquês de Pombal, o poeta e a sua obra sofreram alguns ataques"[2]. Assumidamente "americano", ou seja, brasileiro, comprometido com uma proposta sob a perspectiva europeia, pertencente à Arcádia romana, escrevendo versos em italiano, podemos considerá-lo, num Brasil colonial, como um escritor de múltiplas facetas: luso-italiano-brasileiro.

Morreu em Lisboa em 31 de julho de 1795. Publicou as seguintes obras: *Epitalâmio* e *O Uraguai* (1769), *A declamação trágica* (1772), *Os Campos Elísios* (1776), *Lenitivo da saudade na morte do Sereníssimo Senhor D. José, príncipe do Brasil* (1788), *Quitúbia* (1791) e outros poemas publicados isolados ou postumamente.

[2] Chaves, Vânia. *O Uraguai e a fundação da literatura brasileira*, Campinas, Unicamp, 1997, p. 78.

Sumário

Relação dos Volumes Publicados

1. **Dom Casmurro** *Machado de Assis*
2. **O Príncipe** *Maquiavel*
3. **Mensagem** *Fernando Pessoa*
4. **O Lobo do Mar** *Jack London*
5. **A Arte da Prudência** *Baltasar Gracián*
6. **Iracema / Cinco Minutos** *José de Alencar*
7. **Inocência** *Visconde de Taunay*
8. **A Mulher de 30 Anos** *Honoré de Balzac*
9. **A Moreninha** *Joaquim Manuel de Macedo*
10. **A Escrava Isaura** *Bernardo Guimarães*
11. **As Viagens - "Il Milione"** *Marco Polo*
12. **O Retrato de Dorian Gray** *Oscar Wilde*
13. **A Volta ao Mundo em 80 Dias** *Júlio Verne*
14. **A Carne** *Júlio Ribeiro*
15. **Amor de Perdição** *Camilo Castelo Branco*
16. **Sonetos** *Luís de Camões*
17. **O Guarani** *José de Alencar*
18. **Memórias Póstumas de Brás Cubas** *Machado de Assis*
19. **Lira dos Vinte Anos** *Álvares de Azevedo*
20. **Apologia de Sócrates / Banquete** *Platão*
21. **A Metamorfose/Um Artista da Fome/Carta a Meu Pai** *Franz Kafka*
22. **Assim Falou Zaratustra** *Friedrich Nietzsche*
23. **Triste Fim de Policarpo Quaresma** *Lima Barreto*
24. **A Ilustre Casa de Ramires** *Eça de Queirós*
25. **Memórias de um Sargento de Milícias** *Manuel Antônio de Almeida*
26. **Robinson Crusoé** *Daniel Defoe*
27. **Espumas Flutuantes** *Castro Alves*
28. **O Ateneu** *Raul Pompeia*
29. **O Noviço / O Juiz de Paz da Roça / Quem Casa Quer Casa** *Martins Pena*
30. **A Relíquia** *Eça de Queirós*
31. **O Jogador** *Dostoiévski*
32. **Histórias Extraordinárias** *Edgar Allan Poe*
33. **Os Lusíadas** *Luís de Camões*
34. **As Aventuras de Tom Sawyer** *Mark Twain*
35. **Bola de Sebo e Outros Contos** *Guy de Maupassant*
36. **A República** *Platão*
37. **Elogio da Loucura** *Erasmo de Rotterdam*
38. **Caninos Brancos** *Jack London*
39. **Hamlet** *William Shakespeare*
40. **A Utopia** *Thomas More*
41. **O Processo** *Franz Kafka*
42. **O Médico e o Monstro** *Robert Louis Stevenson*
43. **Ecce Homo** *Friedrich Nietzsche*
44. **O Manifesto do Partido Comunista** *Marx e Engels*
45. **Discurso do Método / Regras para a Direção do Espírito** *René Descartes*
46. **Do Contrato Social** *Jean-Jacques Rousseau*
47. **A Luta pelo Direito** *Rudolf von Ihering*
48. **Dos Delitos e das Penas** *Cesare Beccaria*
49. **A Ética Protestante e o Espírito do Capitalismo** *Max Weber*
50. **O Anticristo** *Friedrich Nietzsche*
51. **Os Sofrimentos do Jovem Werther** *Goethe*
52. **As Flores do Mal** *Charles Baudelaire*
53. **Ética a Nicômaco** *Aristóteles*
54. **A Arte da Guerra** *Sun Tzu*
55. **Imitação de Cristo** *Tomás de Kempis*
56. **Cândido ou o Otimismo** *Voltaire*
57. **Rei Lear** *William Shakespeare*
58. **Frankenstein** *Mary Shelley*
59. **Quincas Borba** *Machado de Assis*
60. **Fedro** *Platão*
61. **Política** *Aristóteles*
62. **A Viuvinha / Encarnação** *José de Alencar*
63. **As Regras do Método Sociológico** *Émile Durkheim*
64. **O Cão dos Baskervilles** *Sir Arthur Conan Doyle*
65. **Contos Escolhidos** *Machado de Assis*
66. **Da Morte / Metafísica do Amor / Do Sofrimento do Mundo** *Arthur Schopenhauer*
67. **As Minas do Rei Salomão** *Henry Rider Haggard*
68. **Manuscritos Econômico-Filosóficos** *Karl Marx*
69. **Um Estudo em Vermelho** *Sir Arthur Conan Doyle*
70. **Meditações** *Marco Aurélio*
71. **A Vida das Abelhas** *Maurice Materlinck*
72. **O Cortiço** *Aluísio Azevedo*
73. **Senhora** *José de Alencar*
74. **Brás, Bexiga e Barra Funda / Laranja da China** *Antônio de Alcântara Machado*
75. **Eugênia Grandet** *Honoré de Balzac*
76. **Contos Gauchescos** *João Simões Lopes Neto*
77. **Esaú e Jacó** *Machado de Assis*
78. **O Desespero Humano** *Sören Kierkegaard*
79. **Dos Deveres** *Cícero*
80. **Ciência e Política** *Max Weber*
81. **Satíricon** *Petrônio*
82. **Eu e Outras Poesias** *Augusto dos Anjos*
83. **Farsa de Inês Pereira / Auto da Barca do Inferno / Auto da Alma** *Gil Vicente*
84. **A Desobediência Civil e Outros Escritos** *Henry David Toreau*
85. **Para Além do Bem e do Mal** *Friedrich Nietzsche*
86. **A Ilha do Tesouro** *R. Louis Stevenson*
87. **Marília de Dirceu** *Tomás A. Gonzaga*
88. **As Aventuras de Pinóquio** *Carlo Collodi*
89. **Segundo Tratado Sobre o Governo** *John Locke*
90. **Amor de Salvação** *Camilo Castelo Branco*
91. **Broquéis/Faróis/Ultimos Sonetos** *Cruz e Souza*
92. **I-Juca-Pirama / Os Timbiras / Outros Poemas** *Gonçalves Dias*
93. **Romeu e Julieta** *William Shakespeare*
94. **A Capital Federal** *Arthur Azevedo*
95. **Diário de um Sedutor** *Sören Kierkegaard*
96. **Carta de Pero Vaz de Caminha a El-Rei Sobre o Achamento do Brasil**
97. **Casa de Pensão** *Aluísio Azevedo*
98. **Macbeth** *William Shakespeare*

99. **Édipo Rei/Antígona**
Sófocles

100. **Lucíola**
José de Alencar

101. **As Aventuras de Sherlock Holmes**
Sir Arthur Conan Doyle

102. **Bom-Crioulo**
Adolfo Caminha

103. **Helena**
Machado de Assis

104. **Poemas Satíricos**
Gregório de Matos

105. **Escritos Políticos / A Arte da Guerra**
Maquiavel

106. **Ubirajara**
José de Alencar

107. **Diva**
José de Alencar

108. **Eurico, o Presbítero**
Alexandre Herculano

109. **Os Melhores Contos**
Lima Barreto

110. **A Luneta Mágica**
Joaquim Manuel de Macedo

111. **Fundamentação da Metafísica dos Costumes e Outros Escritos**
Immanuel Kant

112. **O Príncipe e o Mendigo**
Mark Twain

113. **O Domínio de Si Mesmo pela Auto-Sugestão Consciente**
Émile Coué

114. **O Mulato**
Aluísio Azevedo

115. **Sonetos**
Florbela Espanca

116. **Uma Estadia no Inferno / Poemas / Carta do Vidente**
Arthur Rimbaud

117. **Várias Histórias**
Machado de Assis

118. **Fédon**
Platão

119. **Poesias**
Olavo Bilac

120. **A Conduta para a Vida**
Ralph Waldo Emerson

121. **O Livro Vermelho**
Mao Tsé-Tung

122. **Oração aos Moços**
Rui Barbosa

123. **Otelo, o Mouro de Veneza**
William Shakespeare

124. **Ensaios**
Ralph Waldo Emerson

125. **De Profundis / Balada do Cárcere de Reading**
Oscar Wilde

126. **Crítica da Razão Prática**
Immanuel Kant

127. **A Arte de Amar**
Ovídio Naso

128. **O Tartufo ou O Impostor**
Molière

129. **Metamorfoses**
Ovídio Naso

130. **A Gaia Ciência**
Friedrich Nietzsche

131. **O Doente Imaginário**
Molière

132. **Uma Lágrima de Mulher**
Aluísio Azevedo

133. **O Último Adeus de Sherlock Holmes**
Sir Arthur Conan Doyle

134. **Canudos - Diário de uma Expedição**
Euclides da Cunha

135. **A Doutrina de Buda**
Siddharta Gautama

136. **Tao Te Ching**
Lao-Tsé

137. **Da Monarquia / Vida Nova**
Dante Alighieri

138. **A Brasileira de Prazins**
Camilo Castelo Branco

139. **O Velho da Horta/Quem Tem Farelos?/Auto da India**
Gil Vicente

140. **O Seminarista**
Bernardo Guimarães

141. **O Alienista / Casa Velha**
Machado de Assis

142. **Sonetos**
Manuel du Bocage

143. **O Mandarim**
Eça de Queirós

144. **Noite na Taverna / Macário**
Álvares de Azevedo

145. **Viagens na Minha Terra**
Almeida Garrett

146. **Sermões Escolhidos**
Padre Antonio Vieira

147. **Os Escravos**
Castro Alves

148. **O Demônio Familiar**
José de Alencar

149. **A Mandrágora / Belfagor, o Arquidiabo**
Maquiavel

150. **O Homem**
Aluísio Azevedo

151. **Arte Poética**
Aristóteles

152. **A Megera Domada**
William Shakespeare

153. **Alceste/Electra/Hipólito**
Eurípedes

154. **O Sermão da Montanha**
Huberto Rohden

155. **O Cabeleira**
Franklin Távora

156. **Rubáiyát**
Omar Khayyám

157. **Luzia-Homem**
Domingos Olímpio

158. **A Cidade e as Serras**
Eça de Queirós

159. **A Retirada da Laguna**
Visconde de Taunay

160. **A Viagem ao Centro da Terra**
Júlio Verne

161. **Caramuru**
Frei Santa Rita Durão

162. **Clara dos Anjos**
Lima Barreto

163. **Memorial de Aires**
Machado de Assis

164. **Bhagavad Gita**
Krishna

165. **O Profeta**
Khalil Gibran

166. **Aforismos**
Hipócrates

167. **Kama Sutra**
Vatsyayana

168. **Histórias de Mowgli**
Rudyard Kipling

169. **De Alma para Alma**
Huberto Rohden

170. **Orações**
Cícero

171. **Sabedoria das Parábolas**
Huberto Rohden

172. **Salomé**
Oscar Wilde

173. **Do Cidadão**
Thomas Hobbes

174. **Porque Sofremos**
Huberto Rohden

175. **Einstein: o Enigma do Universo**
Huberto Rohden

176. **A Mensagem Viva do Cristo**
Huberto Rohden

177. **Mahatma Gandhi**
Huberto Rohden

178. **A Cidade do Sol**
Tommaso Campanella

179. **Setas para o Infinito**
Huberto Rohden

180. **A Voz do Silêncio**
Helena Blavatsky

181. **Frei Luís de Sousa**
Almeida Garrett

182. **Fábulas**
Esopo

183. **Cântico de Natal/ Os Carrilhões**
Charles Dickens

184. **Contos**
Eça de Queirós

185. **O Pai Goriot**
Honoré de Balzac

186. **Noites Brancas e Outras Histórias**
Dostoiévski

187. **Minha Formação**
Joaquim Nabuco

188. **Pragmatismo**
William James

189. **Discursos Forenses**
Enrico Ferri

190. **Medeia**
Eurípedes

191. **Discursos de Acusação**
Enrico Ferri

192. **A Ideologia Alemã**
Marx & Engels

193. **Prometeu Acorrentado**
Ésquilo

194. **Iaiá Garcia**
Machado de Assis

195. **Discursos no Instituto dos Advogados Brasileiros / Discurso no Colégio Anchieta**
Rui Barbosa

196. **Édipo em Colono**
Sófocles

197. **A Arte de Curar pelo Espírito**
Joel S. Goldsmith

198. **Jesus, o Filho do Homem**
Khalil Gibran

199. **Discurso sobre a Origem e os Fundamentos da Desigualdade entre os Homens**
Jean-Jacques Rousseau

200. **Fábulas**
La Fontaine

201. **O Sonho de uma Noite de Verão**
William Shakespeare

202. **Maquiavel, o Poder**
José Nivaldo Junior

203. **Ressurreição**
Machado de Assis

204. **O Caminho da Felicidade**
Huberto Rohden

205. **A Velhice do Padre Eterno**
Guerra Junqueiro

206. **O Sertanejo**
José de Alencar

207. **Gitanjali**
Rabindranath Tagore

208. **Senso Comum**
Thomas Paine

209. **Canaã**
Graça Aranha

210. **O Caminho Infinito**
Joel S. Goldsmith

211. **Pensamentos**
Epicuro

212. **A Letra Escarlate**
Nathaniel Hawthorne

213. **Autobiografia**
Benjamin Franklin

214. **Memórias de Sherlock Holmes**
Sir Arthur Conan Doyle

215. **O Dever do Advogado / Posse de Direitos Pessoais**
Rui Barbosa

216. **O Tronco do Ipê**
José de Alencar

217. **O Amante de Lady Chatterley**
D. H. Lawrence

218. **Contos Amazônicos**
Inglês de Souza

219. **A Tempestade**
William Shakespeare

220. **Ondas**
Euclides da Cunha

221. **Educação do Homem Integral**
Huberto Rohden

222. **Novos Rumos para a Educação**
Huberto Rohden

223. **Mulherzinhas**
Louise May Alcott

224. **A Mão e a Luva**
Machado de Assis

225. **A Morte de Ivan Ilicht / Senhores e Servos**
Leon Tolstói

226. **Álcoois e Outros Poemas**
Apollinaire

227. **Pais e Filhos**
Ivan Turguêniev

228. **Alice no País das Maravilhas**
Lewis Carroll

229. **À Margem da História**
Euclides da Cunha

230. **Viagem ao Brasil**
Hans Staden

231. **O Quinto Evangelho**
Tomé

232. **Lorde Jim**
Joseph Conrad

233. **Cartas Chilenas**
Tomás Antônio Gonzaga

234. **Odes Modernas**
Anntero de Quental

235. **Do Cativeiro Babilônico da Igreja**
Martinho Lutero

236. **O Coração das Trevas**
Joseph Conrad

237. **Thais**
Anatole France

238. **Andrômaca / Fedra**
Racine

239. **As Catilinárias**
Cícero

240. **Recordações da Casa dos Mortos**
Dostoiévski

241. **O Mercador de Veneza**
William Shakespeare

242. **A Filha do Capitão / A Dama de Espadas**
Aleksandr Púchkin

243. **Orgulho e Preconceito**
Jane Austen

244. **A Volta do Parafuso**
Henry James

245. **O Gaúcho**
José de Alencar

246. **Tristão e Isolda**
Lenda Medieval Celta de Amor

247. **Poemas Completos de Alberto Caeiro**
Fernando Pessoa

248. **Maiakósvski**
Vida e Poesia

249. **Sonetos**
William Shakespeare

250. **Poesia de Ricardo Reis**
Fernando Pessoa

251. **Papéis Avulsos**
Machado de Assis

252. **Contos Fluminenses**
Machado de Assis

253. **O Bobo**
Alexandre Herculano

254. **A Oração da Coroa**
Demóstenes

255. **O Castelo**
Franz Kafka

256. **O Trovejar do Silêncio**
Joel S. Goldsmith

257. **Alice na Casa dos Espelhos**
Lewis Carrol

258. **Miséria da Filosofia**
Karl Marx

259. **Júlio César**
William Shakespeare

260. **Antônio e Cleópatra**
William Shakespeare

261. **Filosofia da Arte**
Huberto Rohden

262. **A Alma Encantadora das Ruas**
João do Rio

263. **A Normalista**
Adolfo Caminha

264. **Pollyanna**
Eleanor H. Porter

265. **As Pupilas do Senhor Reitor**
Júlio Diniz

266. **As Primaveras**
Casimiro de Abreu

267. **Fundamentos do Direito**
Léon Duguit

268. **Discursos de Metafísica**
G. W. Leibniz

269. **Sociologia e Filosofia**
Émile Durkheim

270. **Cancioneiro**
Fernando Pessoa

271. **A Dama das Camélias**
Alexandre Dumas (filho)

272. **O Divórcio / As Bases da Fé / e outros textos**
Rui Barbosa

273. **Pollyanna Moça**
Eleanor H. Porter

274. **O 18 Brumário de Luís Bonaparte**
Karl Marx

275. **Teatro de Machado de Assis**
Antologia

276. **Cartas Persas**
Montesquieu

277. **Em Comunhão com Deus**
Huberto Rohden

278. **Razão e Sensibilidade**
Jane Austen

279. **Crônicas Selecionadas**
Machado de Assis

280. **Histórias da Meia-Noite**
Machado de Assis

281. **Cyrano de Bergerac**
Edmond Rostand

282. **O Maravilhoso Mágico de Oz**
L. Frank Baum

283. **Trocando Olhares**
Florbela Espanca

284. **O Pensamento Filosófico da Antiguidade**
Huberto Rohden

285. **Filosofia Contemporânea**
Huberto Rohden

286. **O Espírito da Filosofia Oriental**
Huberto Rohden

287. **A Pele do Lobo / O Badejo / o Dote**
Artur Azevedo

288. **Os Bruzundangas**
Lima Barreto

289. **A Pata da Gazela**
José de Alencar

290. **O Vale do Terror**
Sir Arthur Conan Doyle

291. **O Signo dos Quatro**
Sir Arthur Conan Doyle

292. **As Máscaras do Destino**
Florbela Espanca

293. **A Confissão de Lúcio**
Mário de Sá-Carneiro

294. **Falenas**
Machado de Assis

295. **O Uraguai / A Declamação Trágica**
Basílio da Gama

296. **Crisálidas**
Machado de Assis

297. **Americanas**
Machado de Assis

298. **A Carteira de Meu Tio**
Joaquim Manuel de Macedo

299. **Catecismo da Filosofia**
Huberto Rohden

300. **Apologia de Sócrates**
Platão (Edição bilingue)

301. **Rumo à Consciência Cósmica**
Huberto Rohden

302. **Cosmoterapia**
Huberto Rohden

303. **Bodas de Sangue**
Federico García Lorca

304. **Discurso da Servidão Voluntária**
Étienne de La Boétie

305. **Categorias**
Aristóteles

306. **Manon Lescaut**
Abade Prévost

307. **Teogonia / Trabalho e Dias**
Hesíodo

308. **As Vítimas-Algozes**
Joaquim Manuel de Macedo

309. **Persuasão**
Jane Austen

310. **Agostinho** - *Huberto Rohden*

311. **Roteiro Cósmico**
Huberto Rohden

312. **A Queda dum Anjo**
Camilo Castelo Branco

313. **O Cristo Cósmico e os Essênios** - *Huberto Rohden*

314. **Metafísica do Cristianismo**
Huberto Rohden

315. **Rei Édipo** - *Sófocles*

316. **Livro dos provérbios**
Salomão

317. **Histórias de Horror**
Howard Phillips Lovecraft

318. **O Ladrão de Casaca**
Maurice Leblanc

319. **Til**
José de Alencar

Série Ouro
(Livros com mais de 400 p.)

1. **Leviatã**
Thomas Hobbes

2. **A Cidade Antiga**
Fustel de Coulanges

3. **Crítica da Razão Pura**
Immanuel Kant

4. **Confissões**
Santo Agostinho

5. **Os Sertões**
Euclides da Cunha

6. **Dicionário Filosófico**
Voltaire

7. **A Divina Comédia**
Dante Alighieri

8. **Ética Demonstrada à Maneira dos Geômetras**
Baruch de Spinoza

9. **Do Espírito das Leis**
Montesquieu

10. **O Primo Basílio**
Eça de Queirós

11. **O Crime do Padre Amaro**
Eça de Queirós

12. **Crime e Castigo**
Dostoiévski

13. **Fausto**
Goethe

14. **O Suicídio**
Émile Durkheim

15. **Odisseia**
Homero

16. **Paraíso Perdido**
John Milton

17. **Drácula**
Bram Stoker

18. **Ilíada**
Homero

19. **As Aventuras de Huckleberry Finn**
Mark Twain

20. **Paulo – O 13º Apóstolo**
Ernest Renan

21. **Eneida**
Virgílio

22. **Pensamentos**
Blaise Pascal

23. **A Origem das Espécies**
Charles Darwin

24. **Vida de Jesus**
Ernest Renan

25. **Moby Dick**
Herman Melville

26. **Os Irmãos Karamazovi**
Dostoiévski

27. **O Morro dos Ventos Uivantes**
Emily Brontë

28. **Vinte Mil Léguas Submarinas**
Júlio Verne

29. **Madame Bovary**
Gustave Flaubert

30. **O Vermelho e o Negro**
Stendhal

31. **Os Trabalhadores do Mar**
Victor Hugo

32. **A Vida dos Doze Césares**
Suetônio

33. **O Moço Loiro**
Joaquim Manuel de Macedo

34. **O Idiota**
Dostoiévski

35. **Paulo de Tarso**
Huberto Rohden

36. **O Peregrino**
John Bunyan

37. **As Profecias**
Nostradamus

38. **Novo Testamento**
Huberto Rohden

39. **O Corcunda de Notre Dame**
Victor Hugo

40. **Arte de Furtar**
Anônimo do século XVII

41. **Germinal**
Émile Zola

42. **Folhas de Relva**
Walt Whitman

43. **Ben-Hur — Uma História dos Tempos de Cristo**
Lew Wallace

44. **Os Maias**
Eça de Queirós

45. **O Livro da Mitologia**
Thomas Bulfinch

46. **Os Três Mosqueteiros**
Alexandre Dumas

47. **Poesia de Alvaro de Campos**
Fernando Pessoa

48. **Jesus Nazareno**
Huberto Rohden

49. **Grandes Esperanças**
Charles Dickens

50. **A Educação Sentimental**
Gustave Flaubert

51. **O Conde de Monte Cristo (Volume I)**
Alexandre Dumas

52. **O Conde de Monte Cristo (Volume II)**
Alexandre Dumas

53. **Os Miseráveis (Volume I)**
Victor Hugo

54. **Os Miseráveis (Volume II)**
Victor Hugo

55. **Dom Quixote de La Mancha (Volume I)**
Miguel de Cervantes

56. **Dom Quixote de La Mancha (Volume II)**
Miguel de Cervantes

57. **As Confissões**
Jean-Jacques Rousseau

58. **Contos Escolhidos**
Artur Azevedo

59. **As Aventuras de Robin Hood**
Howard Pyle

60. **Mansfield Park**
Jane Austen